GUSTAVO CAETANO

FUNDADOR DE UMA DAS EMPRESAS MAIS INOVADORAS DO PAÍS, AUTOR DO BEST-SELLER *PENSE SIMPLES* AGORA EM COAUTORIA COM ARTHUR PELEGRINO

FAÇA SIMPLES

O GUIA PRÁTICO E DEFINITIVO PARA TRANSFORMAR A SUA IDEIA EM UM NEGÓCIO DE SUCESSO DE MANEIRA DESCOMPLICADA

Diretora
Rosely Boschini

Gerente Editorial
Rosângela de Araujo Pinheiro Barbosa

Editora Assistente
Franciane Batagin Ribeiro

Controle de Produção
Fábio Esteves

Projeto gráfico e diagramação
Vivian Oliveira

Preparação
Laura Folgueira

Revisão
Andréa Bruno

Capa
Breno Miranda

Finalização de capa
Vanessa Lima

Impressão
Gráfica Loyola

Copyright © 2020 by Gustavo Caetano
e Arthur Pelegrino
Todos os direitos desta edição
são reservados à Editora Gente.
Rua Wisard, 305 — sala 53
São Paulo, SP — CEP 05434-080
Telefone: (11) 3670-2500
Site: www.editoragente.com.br
E-mail: gente@editoragente.com.br

Dados Internacionais de Catalogação na Publicação (CIP)
Angélica Ilacqua CRB-8/7057

Caetano, Gustavo
   Faça simples / Gustavo Caetano e Arthur Pelegrino. -- São Paulo : Editora
Gente, 2019.
   192 p.

ISBN 978-85-452-0335-3

1. Negócios 2. Sucesso nos negócios 3. Empreendedorismo 4. Estratégia
5. Planejamento I. Título II. Pelegrino, Arthur

19-2828   CDD 650.1

Índice para catálogo sistemático
1. Sucesso nos negócios

CARO LEITOR,

Queremos saber sua opinião sobre nossos livros. Após a leitura,
curta-nos no facebook/editoragentebr, siga-nos
no Twitter @EditoraGente e no Instagram @editoragente e
visite-nos no site www.editoragente.com.br.
Cadastre-se e contribua com sugestões, críticas ou elogios.

Boa leitura!

"A melhor forma de prever o futuro é criá-lo."
Abraham Lincoln

AGRADECIMENTOS

GUSTAVO CAETANO

Dedico este livro aos meus filhos Davi, Miguel e Ana Luisa, minha querida esposa Amanda, aos meus pais, ao meu irmão, à toda minha família e amigos que sempre estiveram ao meu lado.

ARTHUR PELEGRINO

Este livro não existiria sem a ajuda de muitas pessoas. Primeiro, quero agradecer à minha família incrível que me cerca: minha mãe Leninha, a mulher mais forte e o maior exemplo de amor que eu tenho na vida; minha irmã Natália, obrigado por sempre acreditar em mim e me apoiar durante toda a jornada, não conseguiria sem a sua ajuda; e meu pai Geraldo, por sempre ser o meu herói e o meu espelho: sem o seu cuidado, os seus ensinamentos e o amor que você nos deu, eu não seria metade do homem que sou hoje. Você viverá para sempre na minha mente e no meu coração. Obrigado às minhas avós Zuleica e Cristina por todo o carinho de sempre, e aos meus tios e tias, primos e primas, em especial ao Leonardo Pelegrino, por ter nos ajudado no momento mais difícil das nossas vidas e se tornado parte tão especial do nosso dia a dia, da nossa luta e do nosso trabalho. Vocês são parte fundamental de quem eu sou!

Ao meu novo e mais incrível amor, meu afilhado Rafael, que está me mostrando uma forma de amor que até então eu não conhecia!

Além da minha família não posso deixar de agradecer a minha namorada, parceira e amor da minha vida, Giovanna Lunardi. Você me motiva e me inspira a ser melhor todos os dias. Seus comentários atenciosos, dicas e revisões foram fundamentais para a criação deste livro, obrigado por tanto. Aos meus amigos queridos: Vinícius Ferreira, Lucas Tavares, Álvaro Evangelista, Lucas Oliveira, Arthur Brettas, Luis Vizotto, Felipe Silva, Victor Demétrius, Marcos e Marcelo Salatini, Nathalia Tameirão, Angélica Reis, Thaís Melo, Débora Gomes, Vitor Rangel, Pedro Fillizola, Breno Elias, Rafael Bizzoto, Wanessa Bezerra, Rossana Fetter, Marina Torres, Elise Guimarães, Lorena Loiola e a todos os outros que não cabem aqui mas tem grande influência sobre as minhas opiniões e que adoro como se fossem da minha família.

É claro que não vou me esquecer de um dos meus ídolos e que agora posso chamar de sócio nesse projeto tão bonito, Gustavo Caetano. A minha admiração por você cresce a cada dia. Obrigado por me ensinar tanto e por acreditar em mim.

PREFÁCIO

POR GUILHERME BENCHIMOL, FUNDADOR E CEO DA XP INVESTIMENTOS

A força de um país é proporcional a sua quantidade de empreendedores. São os empresários que geram prosperidade para a nação, por meio de novos produtos, serviços, competição, demanda por empregos e a consequente geração sustentável de renda para a população.

As condições macroeconômicas do nosso país sempre foram um entrave para a construção de qualquer negócio, afinal, nossas taxas de juros sempre foram muito elevadas, privilegiando o rentismo em detrimento do empreendedorismo. O motivo para esse fenômeno parece ser simples: por que alguém arriscaria construir um negócio se pode comprar títulos públicos do governo federal e receber uma renda bruta anual de 13% a 14% ao ano (média anual da taxa de juros nominal entre 1994 e 2019)?

O Brasil parece estar mudando; as contas públicas, se ajustando. A consequência natural são os menores juros da nossa história.

Ainda temos muito para melhorar, mas tenho poucas dúvidas de que a combinação entre as atuais baixas taxas de juros, a tecnologia e as informações cada vez mais abundantes são as matérias-primas essenciais para o *boom* de novos empreendedores que teremos em nosso país.

Conheci o Gustavo há pouco mais de um ano em uma sala VIP de aeroporto.

Seu carisma, sua simpatia e sua visível vontade de estimular o empreendedorismo logo me marcaram.

A fundação da Samba Tech, em 2008, e as inúmeras palestras, cursos e investimentos em startups que ele tem feito o transformaram em uma das grandes referências neste tema no país.

O Brasil precisa de mais jovens determinados capazes de empunhar essa bandeira e servir de inspiração para outras pessoas que possam fazer ainda melhor do que nós.

Em *Faça simples*, Gustavo transforma um tema complexo em um passo a passo para você transformar seu sonho em realidade.

Tenho certeza de que o leitor vai gostar e de que esta será mais uma grande contribuição dele para o nosso Brasil.

SUMÁRIO

INTRODUÇÃO 10

Capítulo 1:
ESTRATÉGIA E PENSAMENTO EMPREENDEDOR 18

Capítulo 2:
A CRIAÇÃO 30

Capítulo 3:
O MOTIVO 58

Capítulo 4:
GANHANDO VIDA 78

Capítulo 5:
SERÁ? 96

Capítulo 6:
A CONSTRUÇÃO 118

Capítulo 7:
É HORA DE CRESCER 136

Capítulo 8:
NÃO DÁ PARA IR SOZINHO 164

Capítulo 9:
A GRANDE DIFERENÇA 174

Capítulo 10:
É A SUA HORA 184

INTRODUÇÃO

> "Os corajosos podem não viver para sempre,
> mas os covardes não vivem nunca."
> **Richard Branson**

Não se engane: estamos vivendo um momento único na história da humanidade, e ele não vai durar para sempre. Nossos avós não tinham a internet nem todas as conexões e ferramentas disponíveis, muitas vezes gratuitamente, para poder transformar seus sonhos em realidade e criar algo que realmente queriam. A tecnologia mudou o jogo.

Estamos vivendo hoje uma era em que literalmente qualquer um tem a chance de resolver problemas relevantes e construir negócios. Mas ainda somos impedidos por uma mentalidade focada em encontrar problemas e limitações, não soluções e oportunidades. Responda com sinceridade: o que o impede de transformar seus sonhos em realidade?

Durante toda a minha jornada, procurei entender o que faz um empreendedor de sucesso. Não estou falando da pessoa que ganha mais dinheiro do que pode gastar, mas daquela que consegue melhorar a vida dos outros e deixar o mundo um lugar um pouco melhor do que encontrou.

O que pude entender, depois de anos trabalhando com jovens criativos e cheios de ideias brilhantes, foi que execução é o nome do jogo. Que a capacidade de transformar visões e ideias em realidade é o elemento mais importante que separa quem faz a diferença no mundo (seja na vida de um pequeno grupo, seja na de bilhões de pessoas) de quem passa a vida falando sobre o que deveria ter feito.

Vamos ser sinceros: a maioria de nós está paralisada na busca por nossos objetivos pessoais, sejam eles quais forem. Eu queria que isso não fosse verdade, mas é. Estamos à espera do momento ideal, não nos sentimos prontos, precisamos sempre aguardar algum evento, seja a conclusão de um curso, ou aquela segunda-feira que nunca chega. O real segredo do sucesso é ação, é fazer acontecer enquanto os outros aguardam, é aprender com os erros enquanto os outros debatem o melhor momento de começar. É claro que cada um tem seus próprios obstáculos e suas dificuldades, mas a paralisia não nos ajuda a superá-los, muito menos a que nos tornemos a pessoa que queremos ser.

Escrevi este livro para que as lições que aprendi com minhas conquistas, meus fracassos e também com as conversas e experiências que tive com alguns dos grandes empreendedores do Brasil e do mundo, bem como estudando em lugares como o MIT (Massachusetts Institute of Technology), Stanford, Universidade da Disney, Singularity e Insead, possam servir como um guia prático e mostrar quais são os caminhos para que você possa dar os primeiros passos na sua própria jornada de sucesso. São lições de mercado, do mundo real, que muitas vezes vão contra a sabedoria popular.

INTRODUÇÃO

Não há fórmula para ter sucesso no empreendedorismo nem receita pronta para transformar seus sonhos em realidade, mas existem alguns princípios universais, os passos para a construção de uma empresa que gera valor para a sociedade. Existem também alguns fatos sobre o que é preciso para ter sucesso empreendendo.

Você vai precisar sair da sua zona de conforto

"Um navio está seguro no porto,
mas não é para isso que os navios são feitos."
William G.T. Shedd

É uma verdade universal que, se você quer ter algo que nunca teve, vai precisar fazer algo que nunca fez. Por isso, se quer resolver problemas, obter sucesso e conquistar respeito e reconhecimento, vai ter de sair da sua zona de conforto, abandonar a segurança e se expor ao risco de falhar. Crescimento exige estresse. Pense no que acontece quando vamos à academia: estamos estressando nossos músculos, buscando a falha para que eles se desenvolvam e cresçam. Essa é uma ótima metáfora para a vida, porque é exatamente o que precisamos fazer se queremos nos tornar a nossa melhor versão. Você vai precisar arriscar, e isso pode ser assustador para muita gente, mas acredite: é o único caminho para chegar ao destino do sucesso.

É preciso disciplina e determinação

O caminho para transformar ideias em realidade, criar produtos ou serviços e construir negócios é menos linear do que pensamos. Muitas pessoas sonham em empreender pelo desejo de "não ter um chefe", mas quando nos tornamos empreendedores é preciso entender que somos nossos próprios chefes e temos de cobrar de nós mesmos comprometimento, disciplina, determinação e muito trabalho duro.

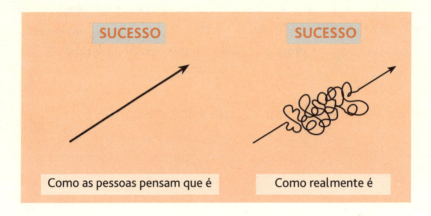

Paciência

É preciso entender que nada grande acontece do dia para a noite. Olhamos para figuras como Mark Zuckerberg, fundador e CEO do Facebook, e outras que conseguiram conquistas importantes ainda muito jovens e muitas vezes ganharam rios de dinheiro, e esquecemos de ver os outros 99,999% de casos em que o sucesso veio depois de anos e anos de trabalho duro. Empreendedorismo não é loteria, mas estratégia, trabalho duro, paixão e paciência.

Este não é um livro de otimismo vago, e sim uma obra que fala sobre o mercado de uma forma autêntica e objetiva, baseada em dados e histórias reais. Também não é um livro de truques que serão eficientes por um tempo e depois se tornarão irrelevantes quando a próxima onda tecnológica chegar. O que fiz foi compilar os aprendizados mais relevantes e fornecer respostas para algumas das perguntas mais importantes em cada uma das etapas, para ajudá-lo a conquistar uma meta muito específica: transformar a sua ideia em um negócio de sucesso.

Não há nada de errado com a zona de conforto, mas este livro não é para quem está vivendo nela – e quer continuar assim. Mas, se

INTRODUÇÃO

você é o tipo de pessoa que deseja mais da vida, que sente que pode ser mais e fazer mais, este é um guia para tirar sua ideia da cabeça e transformá-la em realidade.

Nessa jornada, você vai perceber que a coisa mais preciosa que adquirimos não é o que conquistamos no processo, mas quem nos tornamos no processo. Nas próximas páginas, vou compartilhar tudo o que você precisa, como lições histórias e ferramentas, para fazer acontecer. Use e realize: este livro é para você!

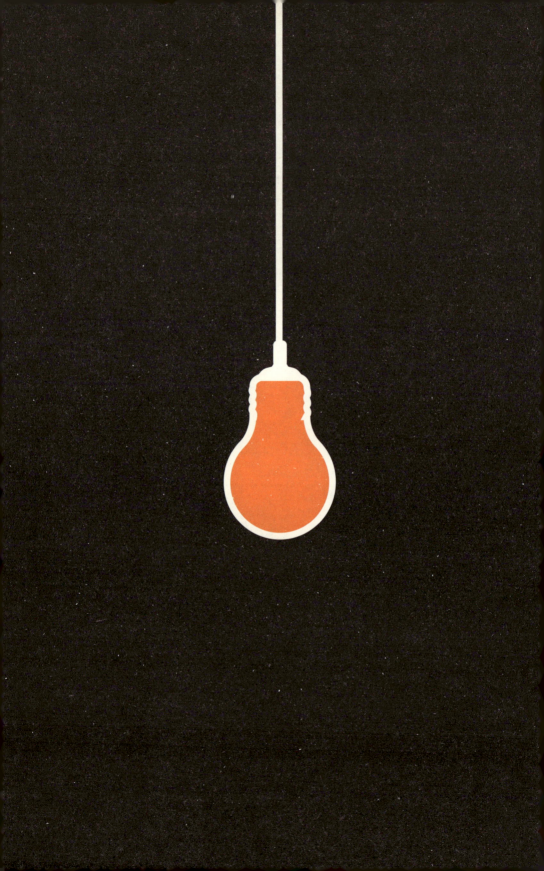

"A grande finalidade da vida não é conhecimento, mas ação."

Thomas Henry Huxley

CAPÍTULO 1
ESTRATÉGIA E PENSAMENTO EMPREENDEDOR

Mentalidade empreendedora

"Cada sonho que você deixa para trás é um pedaço do seu futuro que deixa de existir. Não deixe que o ruído da opinião alheia impeça que você escute a sua voz interior. Seu tempo é limitado, então não o desperdice vivendo a vida dos outros."

Steve Jobs

"Gustavo, como eu posso me tornar um empreendedor?" Essa é uma das perguntas que eu mais escutei na vida, em eventos e no dia a dia das minhas empresas. Por isso, preciso começar este livro dando a minha visão sobre o que significa empreendedorismo e o que faz um empreendedor.

E não, não tem nada a ver com abrir um CNPJ. Nem com andar de iates, tirar fotos com carrões e postar nas redes sociais para vender um estilo de vida de luxo, muito menos com o sonho de "não ter um chefe". Essas coisas podem ou não acontecer, mas, para mim, não definem um empreendedor.

Um empreendedor é alguém que quer tornar as coisas melhores. Simples assim! Alguém que resolve problemas, toma iniciativa e não tem medo de correr o grande risco de se expor e dizer: "Eu fiz isso! Eu criei esse processo! Eu acredito que esse é o caminho certo!".

Empreender é transformar, impactar positivamente a vida de um grupo de pessoas, causar mudanças. Não é uma profissão, mas uma mentalidade.

Não importa a escala, isso pode perfeitamente ser feito construindo uma grande empresa que vai mudar o mundo e a maneira como as pessoas interagem entre si e com a tecnologia, como fizeram Steve Jobs e Bill Gates. Ou Scott Harrison, que criou uma organização sem fins lucrativos que já levou água potável para mais de 9 milhões de pessoas ao redor do globo, a Charity: Water. Pode ser feito dentro da sua cidade, criando um ambiente agradável para que as pessoas possam interagir e viver momentos especiais. Ou mesmo dentro de uma empresa, transformando processos e buscando sempre inovar.

Alguns dos melhores funcionários que já tive são pessoas com perfil extremamente empreendedor. Eles buscam ativamente encontrar problemas relevantes e soluções que podem causar um impacto positivo.

Para identificar se alguém apresenta esse perfil, busco cinco características básicas que me dizem muito sobre o potencial de qualquer um: rebeldia, visão, proatividade, capacidade de executar e humildade.

Vou definir cada uma dessas características um pouco melhor para que não fique nenhuma confusão.

> "A maior aventura que você pode viver é a de criar a vida dos seus sonhos."
>
> **Oprah Winfrey**

Rebeldia. É impossível separar o conceito de empreendedor do sentimento de inconformismo. Em um país em que seis de cada dez novas empresas fecham nos primeiros cinco anos e a cultura não valoriza tanto quanto deveria quem propõe coisas novas e tem coragem para desafiar o "jeito como as coisas sempre foram feitas", a estatística está basicamente contra você. É preciso uma pitada de rebeldia, o que o meu amigo Rony Meisler (fundador e CEO da Re-

Cinco características básicas que me dizem muito sobre o potencial de qualquer um: rebeldia, visão, proatividade, capacidade de executar e humildade.

serva) define como uma "comichão", uma atitude de não simplesmente aceitar as coisas que são impostas e questionar, perguntar-se como elas podem ser melhores.

Visão. Na minha carreira, sempre procurei achar primeiro o problema e só depois a solução. Empreendedores têm a mente programada para encontrar e solucionar problemas e, com isso, podem olhar para as coisas não só como elas são, mas como poderiam ser. Isso é ter visão.

Proatividade. No seu brilhante livro *Os sete hábitos das pessoas altamente eficazes*, o autor norte-americano Stephen Covey dá uma descrição perfeita sobre o significado de proatividade. Segundo ele, é algo muito além de tomar iniciativa e "correr atrás". É reconhecer que somos responsáveis pelas nossas escolhas e que temos a liberdade de tomar decisões não pelas condições externas, mas sim por nossos princípios e valores. Pessoas proativas são agentes da mudança e protagonistas da própria história.

Capacidade de executar. Uma das características mais importantes de qualquer empreendedor é a habilidade de combinar uma visão poderosa com a capacidade de executar. Isso significa que, além de ter uma visão macro, é preciso ser capaz de ser extremamente estratégico e traçar um plano detalhado, com ações que mostrem um caminho tangível para se alcançar o objetivo. Se essa capacidade não existe, a pessoa é apenas sonhadora. Causar mudança e transformar as coisas para melhor exige alto nível de especificidade, para que os outros possam entender aonde você quer chegar e também qual é o próximo passo. Vamos falar mais sobre estratégia um pouco mais à frente.

Humildade. Essa característica costuma ser confundida com falta de confiança, mas a verdade é que uma coisa não tem nada

ESTRATÉGIA E PENSAMENTO EMPREENDEDOR

a ver com a outra. Empreendedores precisam confiar na sua capacidade de transformar sonhos e visões do futuro em realidade, mas sempre com a humildade de saber que é preciso ouvir, se adaptar e, principalmente, que ninguém tem todas as respostas e que é impossível conquistar grandes coisas sozinho. No meu primeiro livro, *Pense simples*, citei um ditado muito falado no Exército canadense, que diz: "Entre o mapa e o terreno, fique sempre com o terreno". Isso significa que, se o seu plano estratégico fala uma coisa, mas o mercado fala outra, ou se você acredita em um caminho, mas seus clientes estão dizendo que querem outra solução, é preciso deixar o ego de fora e ser humilde para aprender, escutar e trabalhar duro para criar algo que tenha realmente valor para as pessoas que você deseja servir.

A primeira boa notícia é que cada uma dessas habilidades pode ser aprendida e aprimorada. Não são coisas impossíveis reservadas apenas para alguns sortudos que nascem com algo diferente; elas podem e devem ser desenvolvidas se você tem a ambição de se tornar um empreendedor e transformar as coisas para melhor.

A segunda boa notícia

Essa informação é tão chocante quanto real, então preciso que você preste bem atenção. Antes de dizer qualquer coisa, já vou afirmar que não, não sou louco nem estou fechando meus olhos para os problemas e desafios do mundo. Deles, temos vários e precisamos conversar seriamente sobre todos.

Mas o fato é que o exato momento em que você está segurando este livro e lendo estas palavras é o melhor momento para se estar vivo na história da humanidade!

Digo isso baseado nas estatísticas e no que a ciência nos mostra a todo momento. De acordo com dados divulgados no último Fórum

Econômico Mundial, a expectativa de vida nunca esteve tão alta no mundo, as pessoas estão vivendo mais e melhor com os avanços tecnológicos, as taxas de mortalidade infantil são as mais baixas já registradas historicamente e, além disso tudo, temos a internet.[1]

Temos acesso a informação e a oportunidades em uma escala com que gerações passadas poderiam apenas sonhar. Podemos aprender basicamente qualquer coisa que quisermos (de graça na maioria das vezes), adquirir habilidades, construir negócios, vender produtos…

Carregamos hoje no bolso um computador mais potente do que o presidente norte-americano Ronald Reagan usava durante o seu mandato na presidência dos Estados Unidos, entre 1981 e 1989, para governar a nação mais poderosa do mundo. Você já parou para pensar nisso?

É impressionante quanto podemos fazer e também quantas limitações criamos em nossas mentes, quantas justificativas para não realizar, quanto tempo desperdiçamos em coisas que não nos colocam mais perto do futuro que queremos construir.

Estou aqui escrevendo este livro justamente porque sei que não adianta ter ferramentas poderosas se você não souber o que fazer com elas. A história está repleta de pessoas que saíram do zero e usaram os poucos recursos que possuíam da melhor forma possível para criar algo extraordinário, e é isso que eu quero lhe dar: a chance de transformar seus sonhos em realidade. Por isso escrevi um guia prático com os princípios mais inteligentes e as melhores ferramentas que conheci empreendendo, o livro que eu queria que tivessem escrito para mim quando eu estava começando e era só um garoto com um sonho grande.

Vou mostrar as metodologias mais avançadas e alguns conceitos que vão contra a sabedoria popular de como construir um negócio, como tirar uma ideia da cabeça e transformá-la em realidade. Vou compartilhar toda a minha experiência, mas preciso de algo em troca. Meu único pedido é que este não seja um livro jogado na mesa de cabeceira ou na mesa da sala para decoração.

---

1 BBC. *Seven reasons why the world is improving.* Disponível em: https://www.bbc.com/future/article/20190111-seven-reasons-why-the-world-is-improving. Acesso em: 17 dez. 2019.

ESTRATÉGIA E PENSAMENTO EMPREENDEDOR

Então, se você decidir continuar lendo, quero que assuma o compromisso de usar as informações trazidas aqui para se tornar um agente da transformação que impacte e mude para melhor os lugares por onde passar. Acredito que temos muito poder e espero que este livro seja uma ferramenta que ajude a construir sonhos, mas para isso precisamos falar sobre estratégia.

Do grego...

Todos nos lembramos da cena do filme *Tropa de elite* em que os soldados lutam contra o sono enquanto escutam o capitão Nascimento falar sobre estratégia, explicando que vem do grego *"strategia"*.

A palavra "estratégia" significa plano, método, manobras ou estratagemas usados para alcançar um objetivo ou resultado específico. Ou seja, o primeiro passo sempre é saber aonde você quer chegar. Não importa se você é o melhor motorista que já viveu; se não está indo na direção correta, simplesmente não vai chegar aonde quer. Esse assunto é complexo e pode ser dividido em duas partes.

Primeiro deve-se determinar qual é o seu objetivo e quais são os passos para se chegar lá. Por exemplo, se eu quero fazer um milhão de reais em vendas, a minha estratégia pode ser criar um produto que custa 50 reais e fazer 20 mil vendas, ou posso optar por criar algo e vender por 200 reais, assim precisaria fazer 5 mil vendas, ou ainda um produto que posso vender por mil reais e fazer "apenas" mil vendas. Existem inúmeros caminhos para se chegar a qualquer objetivo, mas antes é preciso analisar as alternativas e criar um bom plano. A segunda parte, a execução, é a mais complicada e desafiadora. É aqui que você se pergunta por que não está fazendo o que precisa ou o que deveria estar fazendo para alcançar seu objetivo.

Para dar um exemplo claro, podemos falar sobre a questão da obesidade. Muitas pessoas correm sérios riscos de saúde porque estão acima do peso, mas isso não é um problema de estratégia. Nas mídias sociais, seria necessário fazer muito esforço e se esconder para não saber qual é a estratégia correta para perder peso e conquistar um corpo saudável. Você precisa se exercitar frequentemente e se alimentar de maneira correta. Mas, se todo mundo sabe o que fazer, então por que nem todo mundo faz?

Empreender não é diferente: existem uma ordem comprovada e regras testadas para começar um negócio, construir um produto ou vender um serviço. E é isso que vou mostrar em detalhes ao longo deste livro.

Primeiro concebemos a ideia do que queremos criar, pensamos em um problema e em um jeito de solucioná-lo, de forma que realmente gere valor e transforme a vida de um grupo de pessoas.

O segundo passo é entender por que queremos fazer isso, qual é nosso propósito. Esse passo muitas vezes é ignorado e essa se torna a principal vulnerabilidade para o crescimento de empresas com muito potencial.

Depois vamos para o modelo de negócio, a parte estratégica. Aqui, vamos pensar e entender melhor como podemos envelopar a nossa solução e transformá-la em um negócio que permita continuar servindo às pessoas e resolvendo aquele problema.

O próximo passo é a validação. Com o estratégico definido, vamos para a parte prática, para a rua, validar, conversar e entender se aquilo que pensamos faz sentido para o mercado, se existe demanda e se as pessoas estarão dispostas a testar a solução.

Em seguida, vem a construção do produto. Uma vez validado, é hora de construir o produto. Essa é a fase mais perigosa, com a qual todo empreendedor deve tomar muito cuidado para não perder a mentalidade de continuar sempre buscando melhorias e evolução para a criação.

O passo seguinte é marketing e vendas, em que a regra básica é que não adianta ter o melhor produto do mundo se ninguém souber que ele existe. Você precisa entender como alcançar a sua audiência e comunicar sobre o valor do que você tem para oferecer, e nesse passo estão algumas das minhas maiores lições.

ESTRATÉGIA E PENSAMENTO EMPREENDEDOR

Depois precisamos **encontrar as pessoas certas**, tarefa que é um dos maiores desafios de qualquer empresa em qualquer tempo e um dos assuntos que mais me despertam curiosidade. Uma empresa é apenas um conjunto de pessoas trabalhando juntas por um objetivo comum, então é preciso pensar bem em quem são essas pessoas e no que fazer para mantê-las motivadas e engajadas na causa.

Para manter o foco na execução, temos a fase de **fazer acontecer.** Quando temos todos os elementos listados, é preciso coragem e inteligência para tomar decisões e criar o movimento que torna a empresa imparável. Assim como a inércia age para manter um corpo parado, ela age para manter esse mesmo corpo em movimento.

E, por último, é necessário **resiliência** para se manter de pé e lutando durante as batalhas e as dificuldades enfrentadas no caminho. Não se engane: elas vão existir e é preciso saber disso para conseguir lidar com elas.

O empreendedor e *coach* norte-americano Anthony Robbins é um dos exemplos de sucesso mais contados e conhecidos no mundo empreendedor. Ele saiu de uma infância humilde para ser um dos empreendedores mais influentes do mundo, com negócios que, somados, chegam a mais de 8 bilhões de dólares em faturamento anual, tendo criado o mercado bilionário dos *coaches*. Ele descreve o processo para se conquistar qualquer objetivo como um ciclo de quatro etapas.

Segundo ele, todos nós temos potencial para criar e causar mudanças positivas no mundo. Quando percebemos isso, vamos para a ação e, como consequência de ações disciplinadas em busca de um objetivo, começamos, depois de algum tempo, a ver resultados positivos. Isso afeta a nossa autoconfiança e crença de que podemos realmente conquistar grandes coisas. É algo poderoso e libertador, mas o contrário também é verdade: quando não agimos para alcançar nossas metas, os resultados que obtemos são sem dúvida pobres, e isso vai reforçar a nossa crença de que não somos capazes ou que ser grande e realizar sonhos é algo reservado apenas para alguns e está fora do nosso alcance. Isso causa uma diminuição do nosso potencial, reflete-se nas nossas ações, e o ciclo continua...

Da mesma forma como não aprendemos a jogar futebol lendo sobre como jogar futebol, e não ficamos em forma assistindo a vídeos sobre exercícios físicos, nada do que eu disser vai substituir a experiência prática no campo para que você possa sentir na pele o que é, de fato, empreender. Este é um guia prático que vai mostrar os melhores caminhos e os conceitos comprovados para que você tenha sucesso na sua jornada. Então vamos começar!

É necessário resiliência para se manter de pé e lutando durante as batalhas e as dificuldades enfrentadas no caminho.

CAPÍTULO 2

A CRIAÇÃO

> "Todas as conquistas e todas as riquezas
> tiveram o seu começo em uma ideia."
>
> **Napoleon Hill**

Ideia

> "O que você sabe não tem valor; o valor está no que
> você faz com o que sabe."
>
> **Bruce Lee**

No meu primeiro livro, *Pense simples*, falei sobre a mudança do mercado, sobre a revolução que estamos vivendo. Fiz uma analogia com a história de Davi e Golias para mostrar que, nesta nova era, os pequenos têm chances reais contra os grandes se souberem reconhecer e usar suas forças e explorar os pontos fracos dos gigantes.

Desde que o livro foi publicado, esse movimento se tornou mais e mais forte, com centenas de exemplos (inclusive de leitores) de quem colocou essa ideia em prática para construir negócios que acabaram tomando uma fatia de mercado dos gigantes.

Neste capítulo, vou tentar falar de um jeito muito prático sobre ideias, sobre como você pode avaliar se essa faísca que não sai da sua cabeça pode realmente se tornar algo grande, sobre como escolher entre várias ideias (para os empreendedores e empreendedoras que pensam em uma nova oportunidade de negócio a cada milésimo de segundo) e como decidir se vale a pena investir seu tempo e seu esforço para perseguir um novo projeto.

E vou começar falando diretamente sobre os dois maiores erros que vejo nessa etapa. O primeiro é uma confusão enorme, e o segundo é um pensamento errado que quebra grandes negócios antes mesmo de eles começarem.

Vale alguma coisa?

Sabe aquela brincadeira – que todos nós fizemos na escola pelo menos uma vez na vida – chamada telefone sem fio? Aquela em que o primeiro participante escuta "um segredo" e o objetivo é falar no ouvido do próximo para que ele possa fazer a mesma coisa com quem está do seu lado, até que o último da fila escute e diga para todos, em voz alta, qual é o tal "segredo"? Todo mundo sabe o que acontece ao final dessa brincadeira, não é? A mensagem que chega ao final é completamente diferente daquela dita para o primeiro participante (ao menos, espero que seja assim em todo lugar, e não só em Araguari, minha cidade natal).

Então, é exatamente isso que estou vendo acontecer com uma frase que é repetida incansavelmente por empreendedores e entusiastas do assunto: "Sua ideia não vale nada sem execução".

Essa frase é real. Depois de duas décadas empreendendo e tendo contato direto com empreendedores fantásticos, tenho certeza de que uma ótima execução é pelo menos dez vezes mais importante e cinquenta vezes mais difícil do que uma grande ideia. Mas então qual é o problema?

O grande problema é que essa frase foi distorcida – na verdade, abreviada – com o tempo, e o que tenho escutado é apenas a parte que fala: "Sua ideia não vale nada".

Foi criada uma falsa crença de que a ideia não é importante, e que, uma vez que você comece o seu projeto e tenha contato com o seu mercado, o ideal é testar e pivotar[2] rápido para algo que funcione

---

[2] Termo que vem do inglês *pivot*, usado para designar mudanças no rumo dos negócios, em geral para testar novas hipóteses.

A CRIAÇÃO

e que as pessoas sempre querem. Quanto maior o número de pivotadas, melhor. Mas espere aí...

É claro que muita coisa só é possível descobrir depois que o seu produto é de fato colocado na mão dos consumidores, mas uma ideia ruim ainda é uma ideia ruim. E a esmagadora maioria das grandes empresas começou, sim, com ótimas ideias que foram evoluindo ao longo do tempo.

O que eu quero dizer, de maneira simples, é que, se você tiver a chance e o privilégio de conseguir um público e um mercado para sua ideia, provavelmente vai trabalhar nela por um bom tempo. Então, é preciso dedicar um pouco mais de tempo a essa primeira fase de trabalhar na ideia, de avaliá-la para entender se é algo em que você está disposto a gastar anos da sua vida e longas horas de esforço, se é algo pelo qual você realmente sente paixão e vontade de trazer para o mundo.

Daqui a pouco, vou falar mais sobre como avalio o potencial de uma ideia e quais são os elementos cruciais que, na minha opinião, determinam se vale a pena perseguir determinada ideia ou não.

O meu ponto é: a sua ideia vale muito, sim! E é importante gastar um tempo real nessa etapa porque ela vai determinar praticamente tudo que virá em seguida: da estratégia para a execução até o time que você vai atrair para transformar esse sonho em realidade.

> "A pessoa pessimista vê dificuldade em cada oportunidade;
> a otimista enxerga oportunidade em cada dificuldade."
> **Winston Churchill**

A grande mentira do "isso já existe"

Imagine se Eric Yuan, CEO e fundador da Zoom Video Communications, uma ferramenta de web conferência que foi avaliada em abril de 2019 em mais de 15 bilhões (isso mesmo, com um B) de dólares, não tivesse levado a ideia à frente porque o Skype já existia – ou ainda se o Skype não tivesse sido criado porque a Cisco já existia.[3]

Pense agora se Mark Zuckerberg tivesse decidido que não valia a pena criar a rede social que mudou o mundo porque na época já existiam sites como MySpace e Friendster. Ou mesmo o Waze, empresa que, quando foi fundada, no ano de 2006, em Israel, entrou em um mercado dominado por um gigante de tecnologia que aparentemente já tinha resolvido todos os problemas relacionados a GPS no mundo.

Continuo ouvindo de empreendedores que o motivo principal de não terem executado uma ideia em que acreditavam e pela qual tinham paixão é que alguém já tinha feito, que "isso já existe". E esse não é um argumento válido. Talvez as tardes que as crianças da minha geração passaram assistindo a *Highlander* e ouvindo repetidamente a frase "só pode haver um" tenham causado uma impressão e um impacto maior do que pensamos. A verdade é que essa regra está longe de ser verdade quando o assunto é empreendedorismo.

O que mais me impressiona é que todos esses limites, esses obstáculos que impossibilitam a criação de um novo projeto, que tornam inviável a criação de algo pelo qual temos paixão, estão literalmente na nossa mente. E isso vai totalmente na direção contrária de uma característica fundamental que todas as pessoas que conheço que tiveram muito sucesso na vida compartilham: uma total e inabalável fé na sua capacidade de fazer algo funcionar.

Não tem muito jeito de contornar isso: se você quer que outras pessoas apostem em você e trabalhem para realizar seus sonhos, que é a definição de empreender, primeiro deve acreditar em si mesmo, ter a autoconfiança (não a arrogância) necessária para saber que você pode, sim, criar algo de valor.

---

3 CNN BUSINESS. *Zoom nearly reaches $16 billion in value after first day of trading.* Disponível em: https://edition.cnn.com/2019/04/18/tech/zoom-ipo-video-conference/index.html. Acesso em: 17 dez. 2019.

A CRIAÇÃO

A questão não é se alguém já fez, mas o que você pode criar de diferente, como você pode fazer melhor do que já fizeram, como oferecer uma alternativa melhor, talvez mais barata ou mais eficiente para resolver o problema. Então, quero levantar algumas perguntas para você fazer antes de desistir de uma ideia simplesmente porque alguém já fez isso:

- Essa solução funciona de verdade?
- Posso oferecer uma alternativa melhor?
- Existe algum grupo que não está sendo atendido?
- Existe algum grupo que não está sendo prioridade?
- Consigo criar algo mais simples e mais efetivo para resolver o problema?
- Consigo fazer isso com mais agilidade?
- É possível fazer um marketing mais inteligente?

Se depois de responder a essas perguntas você acreditar que não tem nada de novo para oferecer ao mercado, aí tudo bem... O melhor a fazer é pensar em qual é a sua montanha, mas não porque essa já foi escalada, e sim porque você não conseguiu inovar e criar um novo caminho, o seu próprio.

Simples não é pequeno

Eleanor Roosevelt além de ter sido a primeira-dama dos Estados Unidos entre 1933 e 1945 (esposa do presidente Franklin Roosevelt), foi uma exímia ativista política e diplomata. É dela uma frase de que gosto muito, daquelas que, depois de escutar, você fica horas, talvez dias, pensando e refletindo sobre sua vida e seus objetivos: "O futuro pertence àqueles que acreditam na beleza dos seus sonhos".

O processo de fazer acontecer não precisa ser complexo, e você definitivamente não precisa começar grande, mas precisa começar!

Mas não posso falar o bastante sobre a importância de ter uma visão, de saber aonde você quer chegar e de fazer desse sonho o mais grandioso possível.

Falo isso por dois motivos principais:

Você vai precisar vender o seu sonho. Quando está começando, quando está nos primeiros metros em uma jornada de milhares de quilômetros, que é construir uma empresa de sucesso ou criar um projeto transformador dentro de uma empresa (isso vale para os intraempreendedores[4]), você vai precisar convencer gente boa a entrar para o seu time. Uma das lições mais importantes que aprendi na minha carreira é que ninguém faz nada sozinho. Então se você, como eu, é desses sonhadores inquietos que não conseguem olhar para um problema sem tentar resolvê-lo, que querem fazer a diferença, construir um legado e causar mudança, e decidiu que vai investir sua energia em um projeto, a primeira coisa a fazer é criar uma visão que atraia não só você mas também gente muito competente para trabalhar juntos, sejam pessoas com habilidades técnicas e talentos que serão determinantes para a operação ou mesmo investidores com recursos para financiar seu projeto. E ninguém é atraído por um sonho pequeno.

Outra coisa é que, como tudo na vida, a luta é garantida, mas o sucesso não. Portanto, o objetivo principal é atrair pessoas que vão dar tudo para lutar ao seu lado, e que vão se entregar a esse processo. É assim que você aumenta significativamente as suas chances de sucesso em um jogo tão desafiador.

As coisas vão ficar difíceis. Se existe algo que posso garantir nesse processo é que em algum momento as coisas vão ficar difíceis. Você vai duvidar da sua capacidade, do seu potencial, vai pensar em desistir diversas vezes, e isso faz parte do jogo. O que acontece com

---

4 Em inglês, *intrapreneur*, ou seja, funcionários ou colaboradores que empreendem dentro das empresas em que trabalham.

A CRIAÇÃO

a maioria das pessoas que chegam a esse momento e desistem é que elas não tinham uma visão forte o bastante que as fizesse continuar lutando. Empreender não é fácil, mas é extremamente recompensador para quem, como você e eu, quer causar mudança. Crie uma visão clara do seu sonho grande; confie em mim, você vai precisar.

O primeiro passo é saber o que você está vendendo

No dia 23 de outubro de 2001, a Apple lançaria um produto que transformaria para sempre a indústria da música: o iPod. Quando olhamos para a história, percebemos que a empresa do visionário Steve Jobs não inventou o formato MP3, muito menos a tecnologia que deu origem ao produto. O tocador de música portátil no formato que conhecemos foi inventado pela Creative Technology, uma companhia de Cingapura. O problema é que eles levaram o produto ao mercado como um "tocador de MP3 com 5 GB"; eles descreviam os detalhes do produto (chamado Zen) e mostravam seus diferenciais tecnológicos, como memória e especificações técnicas. Já a Apple chegou ao mercado apenas 22 meses depois com um produto muito similar, mas uma comunicação diferente: "1.000 canções no seu bolso". A mensagem era fácil, clara, todo mundo entendia. Só depois, no momento da compra, eles mostravam as opções de memória. Na época, era possível escolher entre 5 GB e 10 GB, mas não fazia mais diferença, porque as pessoas já haviam sido atraídas para o seu produto. Será que podemos dizer sem sombra de dúvidas que o iPod era melhor que o Zen da Creative? É claro que não. Mas essa história nos mostra a importância de entender seu mercado e o que você realmente está vendendo.

Quando converso com empreendedores, sempre faço uma pergunta muito simples e que, surpreendentemente, causa muita confusão. Ela deve ser respondida em uma frase curta e objetiva, e é a seguinte: "O que você vende?".

E então percebi que um número assustador de pessoas não consegue responder a essa pergunta sem gaguejar ou começar com a frase: "Deixa eu te explicar, porque não é tão simples".

O problema é que deveria, sim, ser simples. Afinal, como é possível ter sucesso se você não sabe em que negócio está?

Para simplificar (e porque eu quero que você saiba responder a essa pergunta da melhor maneira possível), quero apresentar uma ideia que acredito que vai ajudar.

No mesmo barco

> "Você pode conseguir qualquer coisa que queira na vida, desde que ajude o suficiente outras pessoas a conseguirem o que elas querem na vida."
>
> **Zig Ziglar**

Não importa qual é o seu produto, se você tem uma loja de roupa, um consultório odontológico, uma empresa de *software as a service* (chamadas de empresas de SaaS) ou uma agência de marketing: estamos todos no mesmo negócio. Vendemos a mesma coisa e, quanto mais cedo você entender isso, mais cedo vai ser capaz de melhorar seu discurso de vendas.

Ao contrário do que se acredita, ninguém compra produtos ou serviços, as pessoas não gastam dinheiro com isso, e não é assim que você deve ver o seu negócio. Todos nós compramos exatamente a mesma coisa: transformação!

Se você não é capaz de articular qual é a transformação que sua empresa gera na vida das pessoas, seu negócio provavelmente ainda não encontrou aquela coisa chamada *"product market fit"*, que nada mais é que a combinação perfeita de um mercado que necessita do produto que você tem para oferecer com a oferta que você está fazendo.

A CRIAÇÃO

Na Samba Tech, nós temos literalmente um trono vermelho na entrada, uma coroa e duas faixas na parede com os dizeres: "Aqui na Samba Tech cliente é rei!". Isso faz com que os clientes se sintam especiais quando fazem uma visita, mas, principalmente, eu quero lembrar a todo mundo que trabalha comigo que nós somos mais do que focados, somos viciados em nossos clientes, e tudo o que fazemos deve ser pensando neles. Para ilustrar esse ponto, quero colocar uma das minhas frases preferidas do CEO e fundador da Amazon, Jeff Bezos, um dos empreendedores que mais me inspiram justamente por essa característica de foco no cliente: "Vemos nossos clientes como convidados para uma festa em que nós somos os anfitriões. O nosso trabalho diário é fazer com que cada aspecto importante da experiência desse cliente seja um pouco melhor".[5]

Quando pensa primeiro no problema e depois na solução, é possível explorar mais a nossa criatividade e pensar em maneiras inovadoras de resolver o mesmo problema, e esse vai ser seu principal diferencial competitivo.

Na realidade, ninguém se importa com sua ideia, seu produto, seu serviço ou mesmo sua história. As pessoas se preocupam com elas mesmas, com os próprios problemas e objetivos, então, quando for avaliar sua ideia, procure olhar para ela com os olhos do consumidor e entender se isso realmente é algo que gera uma transformação que vale o tempo ou o dinheiro da pessoa que você procura servir.

Os três elementos fundamentais

A história está cheia de ideias que foram dispensadas a princípio, pessoas que foram chamadas de loucas por empresários de sucesso e

---

5 FORBES. *5 Time-Tested Success Tips From Amazon Founder Jeff Bezos*. Disponível em: https://www.forbes.com/sites/johngreathouse/2013/04/30/5-time-tested-success-tips-from-amazon-founder-jeff-bezos/#7c284237370c. Acesso em: 17 dez. 2019.

ouviram várias vezes aquela famosa frase de que "isso nunca vai funcionar" e que no fim provaram que todos os críticos estavam errados.

A Bessemer Venture Partners é uma empresa de capital de risco que hoje possui mais de 5 bilhões de dólares sob gestão globalmente, investindo no estágio inicial de empresas que se tornaram gigantes mundiais, como Intel, Google, Tesla, Facebook e PayPal. No site oficial da empresa, uma página inteira é dedicada para as melhores oportunidades que eles deixaram passar por não acreditar na ideia ou pensar que o valor era alto demais. Uma dessas histórias é de uma das maiores empresas de *e-commerce* do mundo: o Ebay. Na época, contam, o pensamento geral na Bessemer foi: "Vender selos, moedas e revistas em quadrinhos na internet? Você deve estar brincando comigo. Com certeza, não". Especialistas também erram, o que a história já provou várias vezes.

O ator hollywoodiano Ashton Kutcher é também investidor de sucesso em várias startups no Vale do Silício, berço da criação de algumas das empresas que transformaram o mundo, como Apple, Facebook e Google. O astro conta que, em um evento chamado South by Southwest, no Texas, conheceu Travis Kalanick, empreendedor que na época estava dando os primeiros passos com uma nova ideia, um aplicativo chamado Uber, que permitiria que, ao toque de um botão, um carro aparecesse para buscar o usuário e levá-lo até seu destino. Ashton não se interessou na época, afinal, por que alguém ia querer usar carros particulares quando podia pegar um táxi? Travis tentou explicar que a conveniência de apertar um botão era importante para as pessoas, Ashton não ficou convencido e passou a oportunidade. Na época, a Uber não tinha conseguido levantar nenhum investimento e muitos não acreditavam que aquilo poderia funcionar, mas os fundadores continuaram e persistiram até encontrar investidores que apostaram na ideia e, assim, começaram a mostrar que existia de fato um problema para ser solucionado e que os usuários estavam realmente apaixonados pelo que a Uber tinha a oferecer. Ashton ligou para Travis algum tempo depois e acabou se tornando investidor da startup que hoje é avaliada em algo em torno de 90 bilhões de dólares.

A CRIAÇÃO

Depois de ouvir várias histórias e de ter enfrentado eu mesmo esse tipo de crítica, quando sabia que a minha ideia tinha potencial de se tornar o grande sucesso que se tornou, não vou ousar inventar regras nem criar um manual de como saber se a sua ideia vai ou não dar certo.

O que posso fazer é lhe falar quais são os três elementos que percebo em comum em todas as grandes ideias que vieram a se tornar empresas de muito sucesso!

Isso não é uma receita de bolo, e sua ideia não precisa necessariamente ter os três elementos. Na verdade, várias possuem apenas um deles, mas fazem isso ser o coração do negócio e de fato entregam no que se propõem.

Os três elementos são conveniência, tempo e custo!

Vamos explorar um pouco cada um deles.

Conveniência. Uma coisa superinteressante na sociedade atual é que as pessoas literalmente abrem mão de privacidade por conveniência. Há discussões calorosas atualmente sobre qual é o limite dessa relação e até quando podemos abrir mão da nossa privacidade em troca de conforto. No entanto, ao observarmos o comportamento do consumidor, vemos quão alto na nossa lista de prioridades está a conveniência. É exatamente por isso que empresas como iFood e Waze cresceram tanto e tão rápido em pouquíssimo tempo.

Tempo. Recentemente, vi uma entrevista de Gary Vaynerchuk,[6] um dos empreendedores mais populares da atualidade (vou contar um pouco mais da sua história no capítulo 3, sobre modelo de negócios), em que ele conta que, apesar de ser amigo de Travis Kalanick e estar no mesmo quarto de hotel no exato momento em que Travis teve a ideia para a Uber, de início se recusou a investir na empresa. Felizmente, Gary corrigiu esse erro quando, em suas próprias palavras, percebeu que o que a Uber vende não é transporte, é tempo. As

---

6 YOUTUBE. *Uber Sells Time [Gary Vaynerchuk]*. Disponível em: https://www.youtube.com/watch?v=hVOGliwp_e0. Acesso em: 17 dez. 2019.

pessoas podem chamar um carro com apenas o toque de um botão e acompanham a localização exata do veículo. Esse é o ativo mais importante da atualidade e a verdade é que, se souber como poupar tempo do seu usuário, você terá uma chance real de sucesso.

Custo. Não preciso me prolongar muito nessa explicação. Apenas vou pincelar essa ideia dizendo que, se sua ideia corta custos significativamente para o consumidor final, você tem uma enorme vantagem competitiva, em especial se essa inovação não for tão simples de ser replicada.

Citando mais uma vez Jeff Bezos, outro dia vi uma entrevista em que ele falava o seguinte: "Existem dois tipos de empresa: as que trabalham para tentar cobrar mais dos clientes e as que trabalham para cobrar menos; a nossa foi criada para ser o segundo tipo".[7] E o que nós podemos observar é que a Amazon se mantém extremamente consistente com essa ideia. Eles trabalham incansavelmente para oferecer serviços de altíssima qualidade por um preço baixo para o cliente final, e talvez seja essa a principal razão para o sucesso absurdo da empresa que foi a segunda na história (junto com a Apple) a atingir um valor de mercado de 1 trilhão de dólares.

Depois dessa análise dos elementos fundamentais, o próximo passo é entender quais são os fatores mais importantes para estimar o potencial de uma ideia.

Qual é o tamanho do problema que você vai resolver?

Quero ilustrar esse ponto com uma das histórias mais marcantes – e surpreendentemente pouco conhecida – do mundo do empreendedorismo na minha opinião.

---

7 THE NEXT WEB. *Amazon's Bezos: We worked hard to charge you less for Kindle fire.* Disponível em: https://thenextweb.com/mobile/2011/09/28/amazons-bezos-we-worked-hard-to-charge-you-less-for-kindle-fire/. Acesso em: 17 dez. 2019.

UMA ÓTIMA IDEIA DEVE ENTREGAR ALGUM DESTES TRÊS ELEMENTOS PARA O CLIENTE

(QUANTO MAIS MELHOR):

1. Economizar dinheiro.
2. Economizar tempo.
3. Entregar conveniência.

A história é de Kevin Systrom e Mike Krieger, dois amigos que, em 2010, criaram o Burbn. Nessa plataforma de check-in bem parecida com o Foursquare (para quem conheceu ou já usou essa plataforma), você poderia informar para os seus amigos onde estava, avaliar o bar ou qualquer outro estabelecimento em tempo real e postar fotos do que estava fazendo.

Após alguns meses trabalhando no Burbn, os fundadores perceberam que claramente aquilo não estava funcionando, o aplicativo não estava crescendo e o dinheiro que eles tinham levantado com um investimento inicial estava acabando.

A conclusão lógica foi que o problema não era grande o suficiente ou que outras pessoas já tinham resolvido. Então eles fizeram o que grandes empreendedores fazem: aprenderam rápido a lição e se ajustaram. Olharam para o que as poucas pessoas que usavam a plataforma estavam fazendo e perceberam que elas não gostavam muito de fazer check-in nos lugares em que estavam, mas adoravam postar fotos.

Eles, então, se sentaram, fizeram uma lista de todas as funcionalidades que poderiam oferecer e resolveram eliminar todas para focar apenas as fotos, pois, nas palavras deles, "era a única coisa que poderiam fazer de novo no mundo, porque tudo o que já existia gerava uma experiência desagradável, e todo o mercado parecia cheio demais".[8]

Depois de retirar todas as outras funcionalidades, ainda faltava um toque para criar uma experiência única, de modo que os usuários pudessem editar suas fotos e compartilhar com vários amigos de uma vez só. Eles então adicionaram filtros e mudaram o nome de Burbn para Instagram.

Sim… A história de sucesso de um dos aplicativos mais importantes da atualidade começou com o entendimento de qual era o problema real para o qual as pessoas estavam buscando uma solução.

---

8 THE TIM FERRIS SHOW. *Kevin Systrom — Tactics, Books, and the Path to a Billion Users* (#369). Disponível em: https://tim.blog/2019/04/25/kevin-systrom/. Acesso em: 17 dez. 2019.

A CRIAÇÃO

E é isso que todo empreendedor precisa tentar entender quando tem a ambição de criar algo de sucesso: tudo começa e termina com a necessidade das pessoas às quais você busca servir.

O mercado é promissor?

Vou mostrar um grande segredo na hora de analisar o potencial de crescimento de um mercado. É uma lição que eu mesmo demorei a perceber e por isso acho tão importante ser levada em consideração na hora de pensar sobre o assunto.

No momento de avaliar o seu mercado, três coisas devem ser pesadas, medidas e pensadas com muito cuidado, porque vão determinar qual é o potencial do seu projeto. Vou tratar delas a seguir.

1. Tamanho do mercado

Desenvolver um ótimo produto e resolver um problema são os fundamentos de um negócio de sucesso. Entretanto, isso é totalmente diferente de dizer que são os fundamentos de um negócio milionário!

Parte fundamental de entender qual é o potencial do seu negócio é saber mensurar o tamanho do seu mercado. Descubra quantas pessoas atualmente usam produtos para solucionar o problema que você resolve, quantas sofrem com esse problema, e saiba qual é o tamanho da oportunidade que seu mercado oferece. Antes de se jogar de cabeça em uma ideia, entenda o tamanho da oportunidade que está na sua frente. Quantas pessoas podem efetivamente comprar de você?

A dica principal aqui é buscar empresas que já atuam nesse mercado para entender quais são as empresas mais fortes desse ecossistema e qual é o tamanho delas. Assim, além de poder ter lições valiosas e entender o que elas fizeram corretamente, qual é o diferencial que trazem e quais as principais estratégias utilizadas, você também pode analisar qual é o tamanho dessas empresas, para que avalie também qual é o seu potencial de crescimento nesse mercado.

2. Esse mercado está crescendo?

Este é um erro que vejo dia após dia em jovens que estão nos estágios iniciais da construção de uma empresa ou da execução de uma ideia. Na verdade, vejo esse erro até em investidores experientes.

Às vezes é muito mais importante analisar a taxa de crescimento de um mercado do que o seu tamanho! Isso é relevante em especial quando estamos começando, porque nessa fase os clientes, além de estarem praticamente implorando por soluções inovadoras e eficientes, também aceitam um pouco melhor passar por alguns transtornos que envolvem a usabilidade de produtos que ainda não estão totalmente "acabados".

Um exemplo disso é o mercado de voz. Ainda que por enquanto não existam muitas pessoas que fazem compras por meio de dispositivos de voz, como a Alexa, desenvolvida pela Amazon, ou o Google Home, feito pela toda-poderosa Google, o mercado cresce a uma taxa assustadora, com mais e mais gente experimentando e aderindo a esse tipo de serviço.

Uma pesquisa recentemente divulgada pelo portal *Sumo Heavy* em junho de 2019 mostra que, nos Estados Unidos, uma a cada cinco pessoas já comprou usando aplicativos de voz. Talvez seja por isso que algumas das maiores gigantes de tecnologia mundiais estão investindo bilhões de dólares por ano para largar na frente no desenvolvimento desses dispositivos.

Pense em quantas pessoas que você conhece escutavam algum *podcast* três anos atrás. E hoje?

Outro exemplo claro disso são os boxes de CrossFit, um método de treinamento que não existia até o início dos anos 2000 e hoje é uma febre mundial e um império que movimenta mais de 4 bilhões de dólares por ano em mais de cem países ao redor do mundo. O Brasil hoje é o segundo país em termos de número de boxes (espaços em que o esporte é praticado) no mundo, perdendo só para os Estados Unidos, onde a modalidade surgiu, com um crescimento de 5.900% desde 2013.

Esse crescimento assustador não poderia ter sido previsto olhando para um mercado que não existia em 2001. Porém, uma combi-

A CRIAÇÃO

nação de contexto cultural do culto ao corpo saudável, redes sociais e uma nova opção para exercitar o corpo que fugisse um pouco da musculação e das academias resultou em mais de 4 milhões de alunos praticantes do esporte no mundo todo, de acordo com as últimas medições do portal CrossFit Inc.

3. É a hora certa?

Essa é a última pergunta que eu me faço quando estou avaliando se vale a pena ou não perseguir uma ideia, e talvez seja a mais importante.

Não adianta plantar a coisa certa, do jeito certo, mas na época errada! O resultado simplesmente não vai aparecer, e você vai ter desperdiçado tempo e energia valiosos. Ideias brilhantes já resultaram em fracassos colossais apenas porque o tempo não era correto.

Mark Zuckerberg foi perguntado, em entrevista ao Y Combinator, qual foi a principal causa para que a sua rede decolasse e se tornasse tão dominante na época. E respondeu rapidamente que a última peça do quebra-cabeça para que o Facebook pudesse ter sucesso foi o e-mail estudantil. Por volta do ano 2000, todas as universidades norte-americanas começaram a dar para todos os seus alunos um endereço único de e-mail da faculdade, e esse foi um dos principais fatores para que a plataforma se tornasse tão dominante. Todos sabiam que as pessoas ali eram reais, não existiam contas falsas, uma vez que cada aluno tinha apenas um e-mail universitário. Isso tornava o acesso exclusivo o bastante para despertar desejo de todos os outros alunos para os quais a rede social ainda não era liberada.

Então, uma pergunta que vale muito a pena se fazer nesse estágio da ideação é: "Por que agora é a hora ideal para construir isso?". Se você souber responder a essa questão de uma maneira convincente e real, a jornada fica muito mais fácil.

Analisando da mesma forma, um mercado extremamente promissor, por exemplo, é o de realidade virtual, mas há um contraponto importante: a observação do comportamento do consumidor.

Eu gostaria muito que essa fosse uma prática já adotada cultural-mente, mas ainda não conheço ninguém que passe algumas horas por dia no seu simulador de realidade virtual. E olha que conheço pessoas brilhantes e inovadoras que já estão investindo milhões nesse mercado há alguns anos! A tecnologia já está no lugar certo, mas o comportamento do consumidor provavelmente ainda vai demorar alguns anos para chegar lá.

10x

Há algum tempo, fui convidado para viajar em um avião privado para conhecer um grande empreendimento imobiliário em Cambo-riú, litoral de Santa Catarina. Lá, haveria um helicóptero me esperan-do para sobrevoar o prédio de 81 andares, maior da América Latina. Ao mesmo tempo que fiquei honrado com o convite e ansioso pela experiência, fui bem mineirinho, lembrei que sou casado, pai de três filhos e achei que tinha chegado a hora de fazer um seguro de vida.

Como até então não tinha um, não tinha passado pelo processo e soube que era muito burocrático e extremamente demorado. Fui pesquisar mais a respeito, perguntei ao Google como fazer um seguro de vida e tive a minha primeira surpresa...

Fui levado a um site chamado Youse, vi que era confiável e, respondendo a algumas perguntas para um *chatbot*[9] sobre a minha idade, meus hábitos e meu estilo de vida (não, não escalo monta-nhas nem pulo de paraquedas nos fins de semana), consegui fazer em cinco minutos uma apólice por um valor que me pareceu justo e que iria deixar minha família e eu tranquilos para a viagem. A minha segunda surpresa veio na qualidade da oferta: o *bot* me contou com exclusividade que excepcionalmente naquela semana, por um valor um pouco maior, eu poderia comprar um seguro com o dobro da

---

9 Programa de computador que simula um ser humano para conversar com usuários de sites.

A CRIAÇÃO

apólice. Fiquei satisfeito, aquele robô de fato me entendia... Cinco estrelas para o atendimento.

A minha terceira surpresa é a razão por que eu estou contando toda essa história. O contrato chegou no e-mail em apenas alguns minutos, tudo parecia perfeito, mas, quando olhei para o documento, uma coisa chamou minha atenção: era um contrato da Caixa Econômica Federal.

Não entendi muito bem como eu havia comprado em poucos minutos exatamente o mesmo produto que consome meses de análise, proposta e negociação pelo banco. Então, fui pesquisar como aquilo tinha acontecido e vi que a Youse é uma espécie de braço da Caixa e que vende as mesmas soluções por meio de um modelo diferente, rápido, tecnológico, intuitivo e sem atrito para o cliente final.

Esse é um princípio que foi descrito muito bem pelo empreendedor norte-americano Grant Cardone no seu livro *10x: a regra que faz a diferença entre o sucesso e o fracasso*. No livro, ele explica e mostra em detalhes como usar o pensamento exponencial para conseguir ter ideias valiosas. E foi exatamente o que a Youse fez!

Eles são dez vezes mais rápidos e oferecem dez vezes mais conveniência para o cliente final, e assim oferecem muito mais valor no processo de compra do mesmo produto, e essa, para mim, é a definição de inovação. Você não precisa ser um gênio criativo para usar a regra das dez vezes, e nem sempre vai chegar realmente às dez, mas uma coisa eu garanto: se você pensar assim, se olhar para algo que não está funcionando e perguntar-se como pode fazer aquilo dez vezes mais fácil ou dez vezes mais eficiente, o resultado final vai ser melhor do que se você pensar apenas em fazer aquilo um pouco melhor ou um pouco mais rápido.

> "Mire na lua e mesmo se errar pelo menos
> acertará alguma estrela!"
> **Oscar Wilde**

E, quando você pensar assim, vai rapidamente chegar à conclusão de que para melhorar algo exponencialmente você precisa fazer uma destas duas coisas:

- utilizar tecnologia;
- usar um novo método.

É impossível conseguir isso apenas fazendo com mais qualidade o que já é feito; é preciso pensar fora da caixa.

Dicas preciosas

Por fim, quero compartilhar uma lição importante para as pessoas que ainda não têm nenhuma ideia, que querem empreender e sentem que esse pode ser o caminho para uma vida completa, mas ainda não sabem o que fazer.

Para conseguir ter uma ideia, na minha experiência, é preciso fazer cinco coisas básicas:

1. *Aprenda muito sobre coisas relevantes.* E isso é absolutamente subjetivo: entenda o que é relevante para você, defina quais são os assuntos que considera importantes e busque se aprofundar ao máximo, aprender, ler e conversar com pessoas que possuem muito conhecimento e/ou experiência.
2. *Trabalhe em projetos que lhe interessam.* E não precisa ser apenas no seu emprego; busque outros trabalhos em assuntos ou áreas que despertam o seu interesse.
3. *Trabalhe com pessoas com quem você gosta de passar tempo e as quais respeita.* Esse é um ótimo jeito também de encontrar sócios e cofundadores.
4. *Abra a sua cabeça.* Eu tive a oportunidade de estudar em lugares inusitados como a Universidade da Disney, a Singula-

A CRIAÇÃO

rity University (que funciona dentro da Nasa), MIT, Stanford e Insead para aprender sobre mundos e tópicos diferentes. E um dos meus maiores aprendizados é que, quanto mais amplo for o seu repertório, maior é a chance de descobrir problemas interessantes para serem resolvidos. Amplie seu mundo e aprenda sobre tópicos não convencionais. Isso vai dar a você a habilidade de fazer conexões únicas e surgir com soluções que ninguém mais poderia formular. Pense que ninguém mais é você; essa é a sua maior força.

5. *Não esconda.* Por último, talvez o mais importante seja uma lição que aprendi um bom tempo atrás e que vai contra diversos conselhos que ouvi durante a vida. Não esconda sua ideia por medo de ela ser "roubada", compartilhe com o maior número de pessoas que puder, e isso vai auxiliar você a fazer duas coisas: 1) os feedbacks vão ajudar a aprimorar a sua ideia, pois você pode ouvir dicas relevantes e perceber pontos que não tinha levado em consideração; o importante é ir com a cabeça aberta para entender se aquilo que você está pensando realmente faz sentido; 2) vai atrair pessoas que acreditam no que você quer construir e querem fazer parte, como sócios, colaboradores ou mesmo pessoas que vão impulsionar seu negócio de formas inesperadas, por exemplo, conectando-o com pessoas que podem levá-lo ao próximo nível, investindo ou apresentando-o para tecnologias e possíveis clientes. Nada disso é possível se você esconder a sua ideia.

Muita gente vai ler isso e pensar: "Tá bom, Gustavo, mas e se alguém ouvir, gostar e roubar a minha ideia?". Esse é realmente um risco do jogo, mas lembra-se daquela frase de que ideias não valem nada sem execução? A segunda parte é muito relevante aqui quando observamos que roubar uma ideia não é tão fácil quanto parece, pois executar é a parte realmente difícil, e mesmo se alguém fizer isso não significa que você não pode mais fazer.

Uber, Cabify, 99, Lift e outros aplicativos de transporte funcionam muito bem e faturam muito dinheiro com basicamente a mesma ideia. Embora ser o primeiro seja muito importante, o jogo geralmente é ganho por quem é melhor!

Juntando tudo

Em resumo, eu quis mostrar vários casos e articular meus pontos para provar algumas ideias fundamentais para quem tem uma ideia na cabeça e quer empreender ou para quem quer ter uma ideia.

- Apesar de estarem sujeitas a várias mudanças ao longo do caminho (as famosas pivotadas), as melhores empresas começam com grandes ideias. Sua ideia vale muito, sim!
- O "isso já existe" não pode nem deve pará-lo. Pergunte-se o que você tem de novo ou de melhor para oferecer ao mercado.
- Pense simples, faça simples, mas sonhe grande!
- Independentemente do que você quer vender, pense em qual é a transformação e qual é o problema que você está resolvendo.
- Uma boa ideia envolve um ou mais destes três elementos:
  - conveniência;
  - tempo;
  - custo.
- Para avaliar o potencial de uma ideia, entenda:
  - o tamanho do mercado;
  - o potencial do seu mercado;
  - se o seu *timing* está correto.

Pense em como você pode oferecer uma melhora exponencial e não incremental; faça-se a pergunta: "Como posso fazer isso dez vezes melhor?".

A CRIAÇÃO

Para finalizar, quero reforçar mais uma vez um dos pontos principais do meu primeiro livro. Para surgir com boas ideias e inovar, é preciso mudar um pouco a perspectiva e o olhar para as coisas. A maioria dos empreendedores traz soluções antes de passar tempo suficiente entendendo e analisando qual é o problema!

Gosto de pensar primeiro em qual é o problema que quero resolver e, se eu não sou aquele que sofre diária e diretamente com esse problema, tento passar muito tempo com essas pessoas, exercitar empatia e entender a fundo como esse problema afeta e impacta a vida delas. Dessa forma, posso surgir com soluções eficazes e inovadoras para resolver essa dor.

> "A maioria das pessoas pensa primeiro no que elas querem criar ou fazer e depois em encontrar a audiência para a ideia. Você deve enxergar as coisas por outra perspectiva, pensando primeiro no público. É preciso ter foco nas necessidades das pessoas que você quer servir, nas tendências que elas estão vivendo. Comece com essa demanda e você será capaz de criar a oferta certa."
>
> **50 Cent**

E, como eu não quero falar só sobre mim, quero trazer também experiências de pessoas que agiram exatamente assim, que fizeram diferente e simples.

Vou fazer como um bom mineiro.

Contando caso

Isabela fez tudo certo: formou-se na melhor e mais concorrida universidade de Minas Gerais em uma profissão pela qual era apaixonada: odontologia. Trabalhou duro e com paixão por mais de vinte anos, fazia um ótimo trabalho e cuidava bem de cada paciente. E, mesmo assim, depois de tudo isso, ela se viu em uma das piores situações para um den-

53

tista: uma agenda vazia, às vezes a semana inteira, e o sentimento de estar perdida, de não ter conseguido o sucesso com que sempre sonhara.

Ela havia tomado uma decisão estratégica que, apesar de coerente com seus objetivos de vida e com o caminho que queria trilhar, resultou em uma diminuição assustadora no número de pacientes, e foi assim que ela se viu depois de tanto tempo e tanto trabalho com a agenda vazia e sofrendo com a falta de pacientes para atender. Isabela sabia que a situação não era sustentável e que precisava fazer algo para mudar o cenário; o único problema é que não sabia o que fazer nem como dar o primeiro passo.

Até que, em uma tarde, ela teve uma ideia. Daquelas que parecem malucas no início, mas que não saem da cabeça e ficam na imaginação...

Ela pensou no quanto tinha prazer em atender crianças no consultório, no quanto se dava bem com elas e em como esse nicho era ignorado pela odontologia. É claro que as crianças são atendidas e existem tratamentos e pesquisas específicas para melhorar a saúde bucal do público infantil, mas o problema que ela queria resolver era outro: o terror causado pela ideia de ir ao dentista em praticamente todas as crianças.

Como pai, posso atestar – e acredito que você também se lembre – como é emocionalmente traumático para uma criança ir ao dentista. Na minha casa era um terror sempre que as levávamos.

Isabela, então, começou a pensar em como poderia resolver esse problema, essa dor que existia há muitos anos e que ninguém tinha conseguido solucionar definitivamente. A resposta foi criar uma experiência única: ela sonhou com um lugar em que as crianças não teriam medo, mas ao qual ficariam ansiosas para ir periodicamente, se divertir, brincar e aprender sobre saúde bucal.

No primeiro momento, ela precisava testar se existia um mercado real para essa solução, e além disso queria fazer acontecer o mais rápido possível. Então foi a um shopping popular em Belo Horizonte e comprou alguns brinquedos, tapetes e objetos de decoração para o consultório – tudo o que encontrou que combinasse com o que ela tinha sonhado e que poderia ser interessante para criar um ambiente

A CRIAÇÃO

ótimo (não perfeito ainda) para as crianças. Então ela montou a decoração sozinha e criou um nome e um logotipo para o consultório junto com a irmã, que trabalhava com marketing e quis ajudar a fazer com que essa ideia se tornasse realidade.

O ambiente estava montado e, agora, o trabalho era fazer com que as pessoas soubessem daquele lugar. Ela não tinha experiência em marketing, de nenhuma forma, mas estava empenhada em comunicar e mostrar sua intenção e o que tinha construído, então pegou o celular e fez alguns vídeos, depois aprendeu sozinha como editar e começou a postar no Instagram. Mesmo tendo apenas algumas centenas de seguidores, ela continuou sua campanha de lançamento na plataforma e, no dia da inauguração, recebeu uma ligação da sua secretária dizendo que já tinha dois agendamentos e que o telefone estava começando a tocar.

Era o começo da história de sucesso de uma clínica odontológica que está transformando completamente a experiência das crianças no dentista.

Hoje, a OdontoKids conta com clínicas personalizadas, pensadas nos mínimos detalhes para produzir momentos únicos, desde o corredor de entrada, pelo qual as crianças passam em uma moto ou um carrinho elétrico, cada uma das dentistas e assistentes fantasiadas com os personagens favoritos dos pacientes, até a sala de brinquedos que antecede as consultas.

Ela se encontrou na profissão, fez a diferença e hoje vive a vida que sempre quis, realizando um trabalho relevante e desfrutando de cada dia fazendo o que acredita com paixão. Mas a verdade é que tudo começou com uma ideia, com aquele pensamento inovador de construir algo que ainda não existia, de criar o próprio mercado, de servir.

Eu o desafio a fazer o mesmo!

**CONFIRA A ENTREVISTA
ACESSANDO O QR CODE
AO LADO**

EXERCÍCIO

Brainstorming. Escreva no espaço a seguir:

O que ainda não existe no seu mercado e que pode ser uma grande oportunidade?

Quais são as pessoas que estão sendo "deixadas de lado" ou que não estão tendo boas experiências com outras empresas?

A CRIAÇÃO

O que já existe, mas que não é eficiente e pode ser melhorado?

No mercado em que você atua ou quer atuar, alguma coisa pode ser melhorada usando a regra dos 10x?
10x melhor:

10x mais rápido:

10x mais barato:

CAPÍTULO 3

O MOTIVO

Comece sempre pelo porquê

> "As pessoas não compram O QUE você faz; elas compram POR QUE você faz, e o que você faz serve simplesmente como prova do que você acredita."
>
> **Simon Sinek**

Não existe alternativa.

Hoje, não existe nenhum produto ou serviço no mercado que você não consegue encontrar em algum outro lugar por mais ou menos o mesmo preço, mais ou menos a mesma qualidade e que produza mais ou menos o mesmo resultado.

Se você tem uma vantagem competitiva real, é provável que ela desapareça em menos de um ano. E, se você inovou de uma forma extremamente disruptiva e seus concorrentes ainda não têm ideia de como replicar o que fez, você tem um pouco mais de um ano, mas não muito...

Aquela época em que um produto medíocre com um marketing forte tinha garantia de sucesso em vendas felizmente acabou! Isso aconteceu quando a internet assumiu o papel de protagonista na atenção de pessoas como você e todas as outras que têm acesso às plataformas de mídias sociais, portais de notícias e entretenimento.

Hoje, o que vai definir se sua empresa e seu produto vão viver ou morrer são dois fatores:

1. A qualidade (sobre a qual falarei mais nos próximos capítulos). Seu produto e/ou marca cumpre as promessas que faz para seus clientes? Realmente entrega o valor a que se propõe? Se a resposta for sim, você tem uma chance...

2. O significado para o consumidor final. Basicamente, é preciso que os seus clientes entendam o que significa usar seu produto, não apenas em termos de preço, ou qualidade, mas o que sua logomarca representa, o que fala sobre eles. Esse é o motivo por que as pessoas exibem com orgulho a maçã mordida da Apple ou tatuam o símbolo da Harley Davidson (isso mesmo, tatuam o logotipo de uma corporação no corpo). Não tem a ver apenas com quem você é, mas com o que significa para as pessoas às quais você serve fazerem negócio com você, usar sua logomarca ou se associar com sua marca.

Como, então, se diferenciar? Como continuar correndo na frente dos seus competidores? Essa é a resposta que volta para o propósito! Está nos motivos que você dá para que seus clientes o amem (e não apenas gostem de você).

Seu propósito (e sua coerência com ele nas ações do dia a dia) é o diferencial que vai gerar clientes leais, que vão querer ver sua marca crescendo, promotores, evangelistas que se sentem parte de um movimento, de uma causa, de uma comunidade, e não apenas consumidores.

Vamos por partes, então, para entender por que a maioria das empresas e também das pessoas se confundem em algo tão óbvio.

O MOTIVO

Para dentro do círculo

Como eu falei no capítulo anterior, ninguém compra produto ou serviço, as pessoas compram transformação. Então não importa se você tem uma loja física, vende informação, está no *e-commerce*, na indústria ou é revendedor afiliado, pois estamos todos no mesmo barco.

O autor Simon Sinek foi lançado aos holofotes no ano de 2009 quando subiu aos palcos do TED para falar brilhantemente sobre um conceito que chamou de *golden circle*, ou círculo dourado.

Nas palavras dele, todas as empresas e empreendedores sabem O QUE fazem, alguns COMO fazem (o que chama de diferencial competitivo, porque são diferentes e "melhores"), mas quase ninguém sabe articular claramente POR QUE fazem o que fazem.

Colocar em palavras qual é a razão para sua empresa existir é uma tarefa difícil, mas descobri quão importante é fazer isso para que a inovação seja constante, para que seus funcionários possam se conectar com algo que realmente faça com que eles se mantenham motivados, para que seus clientes possam entender claramente e se atrair por algo que não pode se tornar ultrapassado. O mais importante, porém, é que você possa sempre se lembrar de onde veio e tomar decisões coerentes com seu propósito.

Qual é seu porquê?

Um negócio é criado para resolver um problema para um grupo específico de pessoas, para causar uma transformação. Essencialmente, um negócio é criado para mover as pessoas do ponto A para o ponto B, como um carro!

Quando pensamos assim, podemos afirmar que dinheiro é o combustível. É absolutamente necessário e importante ter dinheiro e saber como fazer dinheiro para que o carro possa andar; esse é um fator que não pode ser ignorado. Mas a pergunta que eu quero que você se faça é a seguinte: você compra um carro com o objetivo de comprar combustível?

A resposta é não. A grande utilidade de um carro é ajudá-lo a se mover, é levá-lo do ponto A até o ponto B. E a grande lição disso é que o dinheiro nunca pode ser o propósito de um negócio: tudo o que isso faz é criar negócios sem essência, sem alma. Que podem até parecer que vão dar certo, mas não duram.

No entanto, quando entramos nessa discussão, por um lado temos sempre pessoas idealistas preocupadas exclusivamente com a missão e com a transformação, com como vamos impactar e fazer a diferença no mundo, e, por outro, pessoas extremamente práticas que focam apenas fazer dinheiro e acreditam que esse deve ser o único propósito de todo negócio.

Eu vou me dar o direito de discordar das duas! Como em quase todos os problemas e desavenças da vida, a resposta certa nunca está de um lado ou de outro, mas tem partes dos dois. Saber como fazer dinheiro é imprescindível na construção de um negócio sustentável. Se você não tem um modelo de negócios que lhe permite fazer dinheiro, você simplesmente não vai sobreviver no longo prazo. E, a menos que tenha algo a mais do que uma empresa que "faz dinheiro" para oferecer aos seus funcionários e aos seus clientes, não vai conseguir os clientes e funcionários certos para fazer com que seu negócio se torne um sucesso.

Propósito na prática

> "Esforço e coragem não são suficientes sem propósito e direção."
> John F. Kennedy

Há alguns anos, fui para os Estados Unidos em uma viagem de negócios e, como sempre faço, aproveitei para passar na Apple, onde comprei dois computadores. Quando passei o cartão, fui surpreendi-

Um negócio é criado para resolver um problema para um grupo específico de pessoas, para causar uma transformação.

do pela mensagem de que ele tinha sido bloqueado e só então lembrei que eu tinha esquecido de fazer o aviso de viagem. Tentando resolver a situação, liguei para o banco para resolver o mal-entendido. Liguei a cobrar para o 0800 da empresa no Brasil, apertei 1, 3, 5, digitei meu CPF, digitei meu RG, confirmei os dados e, quando finalmente consegui falar com um ser humano, a atendente me explicou que o bloqueio do cartão havia sido feito para a minha segurança devido à atividade suspeita de uso em outro país sem aviso prévio. A solução do problema seria o envio imediato de outro cartão para o meu endereço, em Belo Horizonte! Mesmo dizendo que isso não solucionava o meu problema, ouvi mais uma vez que essa ação foi feita pensando na minha segurança e que isso era tudo que podiam fazer.

Nesse momento eu tirei o meu cartão Nubank do bolso e, ao tentar usá-lo, vi que havia sido bloqueado pelo mesmo motivo. Entrei no chat do aplicativo para tentar resolver e, depois de cinco minutos e de explicar a situação ao atendente, recebi a seguinte mensagem: "Olha só, mineirinho, vou liberar para você, mas cuidado, viu. Não gasta muito dinheiro aí, não!". Problema resolvido, sem fazer uma ligação!

E sabe qual é a lição disso? Ter um propósito não é suficiente. Você e sua empresa devem pensar e agir de maneira coerente com o propósito escrito e manifestar isso a todo momento. Aquela velha frase de que confiança demora anos para construir e segundos para destruir nunca foi tão real. Agora que tudo está sendo documentado e facilmente compartilhado, ter um propósito é fundamental para o crescimento, o direcionamento e a sustentabilidade do seu negócio, e ser coerente com ele no dia a dia é o que vai definir quão longe você vai chegar.

Outro exemplo claro da aplicação de um propósito forte é o que a XP Investimentos está fazendo no Brasil. O objetivo da empresa não é só fazer lucro no mercado financeiro, e é exatamente isso que a diferencia de todas as outras corretoras brasileiras. O propósito da XP é mudar a maneira como o brasileiro investe seu dinheiro, e, quando observamos tudo o que a empresa faz, vemos como um pro-

O MOTIVO

pósito forte e real pode ser direcionador. Algumas iniciativas, como a XP Educação, oferecem informações valiosas sobre o mundo dos investimentos e ensina os fundamentos de como investir dinheiro para pessoas que antes não tinham acesso a esse conhecimento. Esse tipo de ação democratiza o conhecimento, aproxima a instituição das pessoas, cria vínculos e confiança. É por isso que a XP vem apresentando um crescimento assustador em um mercado tão difícil quanto o brasileiro: empresas assim são diferentes, e a coisa mais peculiar a esse respeito é que as pessoas podem sentir. Clientes e colaboradores são capazes de entender bem rápido, na maioria dos casos, quando uma empresa realmente acredita naquilo que fala ou quando usa discursos interessantes como disfarce para outros objetivos reais. Não tem mais saída: a estratégia mais segura daqui para a frente é ser real.

No livro A *história do propósito*, o escritor e empreendedor norte-americano Joey Reiman mostra uma pesquisa da organização Gallup que revela que 71% dos colaboradores são desengajados de seus empregos e veem o trabalho apenas como um lugar para obter um salário; ainda, cerca de 25% destes são "contra praticamente tudo" da empresa.

Só é possível construir uma empresa com propósito se as pessoas que fazem parte dessa organização compartilharem esses valores positivos e convergirem com entusiasmo em torno de uma causa que realmente significa algo para todos que estão trabalhando juntos, não apenas metas e números em uma planilha. Um dado do relatório da PricewaterhouseCoopers (PwC) ainda afirma que, nas empresas com propósito, 83% dos funcionários sentem que o trabalho lhes traz significado. E afirmam que, se não conseguem encontrar propósito e realização em seu trabalho atual, poderão procurar em outro lugar.[10]

Saber por que você existe, articular isso em palavras, comunicar de maneira clara e traduzir em ações do dia a dia não é apenas bonito, é um ótimo negócio!

---

10 FORBES. *Purpose-Driven Companies Evolve Faster Than Others*. Disponível em: https://www.forbes.com/sites/caterinabulgarella/2018/09/21/purpose-driven-companies-evolve-faster-than-others/#54cc61aa55bc. Acesso em: 17 dez. 2019.

Não precisa ser megalomaníaco para inspirar

Na hora de articular um propósito, muitos empreendedores, principalmente quem está começando agora, costumam pensar que ele precisa ser o maior possível ou que deve mudar o mundo.

Estou aqui para dizer que isso não é verdade. As empresas de sucesso com as quais tive contato até hoje não começaram assim, nem mesmo as minhas. Elas começaram respondendo a algumas perguntas básicas, por exemplo:

- Estou realmente melhorando a vida de alguém?
- Isso resolve um problema real e de um jeito melhor do que é feito hoje?

Fuja desse entrave, desse obstáculo para tantos empreendedores com ideias brilhantes que podem mesmo fazer a diferença no mundo, mas que nunca começam porque não encontraram seu famoso "propósito massivo transformador". Muitos empreendedores passam a vida inteira para encontrar o seu, e vários morrem sem nunca achar um. Então, não pense que três pessoas vão entrar em uma sala, fazer uma reunião de duas horas e sair de lá com uma frase que representa o propósito transformador da sua empresa que vai mudar o mundo.

Meu amigo Rony Meisler, já citado neste livro, sempre que conta sua história fala sobre como conectar os pontos é importante para encontrar o seu propósito real de existir. Parafraseando uma das suas palestras, "o propósito emerge da empresa", e, se você quer ser autêntico e estar em uma empresa que tem um propósito forte, que guia as pessoas, que inspira funcionários e clientes a construir algo maior que si mesmos, é preciso entender que isso é um processo. E que o primeiro passo dessa jornada é saber qual é o problema que você deseja resolver.

O MOTIVO

Como você pode ajudar, servir e tornar o mundo um pouco melhor – não o mundo todo, não para os 6,6 bilhões de pessoas que vivem no momento em que escrevo este livro, mas para as primeiras mil, para um pequeno grupo que sofre com um problema específico sobre o qual você tem o conhecimento e um modo diferente de resolver? O propósito nasce a partir disso, não de uma frase montada.

Outro exemplo claro disso é do megaempreendedor Tom Bilyeu, cofundador da Quest Nutrition, empresa que produz e vende as barras de proteína Quest, que você já deve ter visto em algum lugar. A empresa de Tom foi de zero a se tornar uma das poucas companhias norte-americanas avaliadas em mais de 1 bilhão de dólares em cinco anos, período em que teve um crescimento de 57.000%. Mas não foi sempre assim.

Segundo o próprio fundador, a Quest nasceu de um momento de tristeza profunda. Ele estava deprimido depois de passar quinze anos correndo atrás de dinheiro, e nem o fato de ter conseguido o seu objetivo e se tornado financeiramente independente o fez querer continuar aquela jornada. Quando fundou a Quest, foi atrás de um problema pelo qual tinha paixão. Havia crescido em uma família que sofria de obesidade mórbida e, para ele, o trabalho era resolver o problema e "salvar" sua mãe e sua irmã. O propósito era desenvolver uma barra de proteína que fosse realmente saudável (99% das que estão no mercado são basicamente barras de chocolate disfarçadas), que seus familiares pudessem escolher com base no gosto, porque era o único jeito de fazer com que eles consumissem comidas saudáveis.

No momento inicial, ele e seus dois sócios disseram que não sabiam se o mercado era grande o bastante, uma vez que a concorrência já era brutal, com mais de seiscentas barrinhas disponíveis só nos Estados Unidos. Apenas sabiam que era um problema grande o suficiente para eles trabalharem todos os dias e se entregarem, com o que tinham de melhor, para resolver.

Paixão *versus* propósito

> "Trabalhar duro em algo com que você não se importa
> é chamado de estresse. Trabalhar duro
> em algo que você ama se chama paixão."
> **Simon Sinek**

No dia 12 de junho de 2005, um ano depois de ser diagnosticado com câncer, Steve Jobs fez um discurso aos formandos da Universidade Stanford. Não sei se ele sabia, mas estava prestes a fazer história com um dos discursos mais inspiradores e motivadores da história, na minha opinião.

As palavras de Jobs continuam a motivar e as pessoas quase quinze anos depois daquele dia. E, se você ainda não viu esse vídeo, busque-o e inspire-se tanto quanto os milhões de pessoas que já tiveram a oportunidade de assisti-lo na íntegra.

Uma das lições mais importantes é a de fazer o que se ama, encontrar e desenvolver sua paixão. Por algum motivo, isso ficou na cabeça das pessoas e continua ressoando depois de todos esses anos. E, como uma das confusões mais comuns é "paixão *versus* propósito", quero compartilhar meus pensamentos sobre o assunto.

Paixão. É aquilo que o ilumina, que você quer passar o seu tempo inteiro fazendo, em que não consegue parar de pensar, em que você genuinamente quer ser o melhor (ou um dos melhores) do mundo. Encontrar e desenvolver sua paixão é fundamental pelo simples fato de que, para ficar realmente bom em alguma coisa, é preciso esforço, repetição, tempo e muito estudo. E você só vai conseguir isso tudo em uma única atividade caso se divirta um pouco enquanto faz, se aproveitar o tempo, e não quando fica contando as horas para não ter mais que fazer e finalmente poder realizar alguma coisa que você deseja (ou descansar).

O MOTIVO

Propósito. É quando sua paixão pode servir os outros; quando sua habilidade pode ajudar a resolver algum problema e/ou a melhorar a vida de alguém. O principal é que não existe propósito sem serviço.

Como comunicar seu propósito

Isso é uma das coisas mais importantes para sua empresa, e sinto muito em dizer que não existe uma receita de bolo ou fórmula pronta para fazê-lo.

Ninguém mais é você, e essa é a sua maior força!

Vou abordar uma maneira efetiva de fazer isso, principalmente quando você está começando, mas que também funciona para qualquer nível de empresa e de empreendedor, pois funcionou para mim durante toda a minha carreira e ainda é a minha estratégia preferida: conte sua história!

Todo mundo tem uma história única, e as pesquisas no campo da psicologia sobre memória, mostram que ouvir histórias é o jeito mais efetivo para absorvermos informações importantes, complexas e relevantes.

Você vai atrair as pessoas certas para ajudar na sua jornada, seja como funcionário, cliente ou investidor, se contar sua história de maneira autêntica e compartilhar sua verdade mais do que postando uma frase feita e esperando que isso cause algum efeito nas pessoas.

O que observo é que, na maioria das vezes, as empresas mais fortes e duradouras surgem a partir de histórias de pessoas que procuraram resolver um problema que enfrentaram, uma dor que elas ou pessoas próximas sentiam, e não da leitura de uma matéria e uma percepção de que existia uma oportunidade no mercado. Isso não acontece porque existe um jeito certo e outro errado de criar uma empresa, mas sim porque responde à pergunta mais importante, que é "por que existimos?", e traz paixão para que todos os que estão envolvidos nessa missão possam fazer o melhor no dia a dia.

Isso aconteceu comigo quando tentei comprar joguinhos para celular (essa história, eu já contei no primeiro livro) e também quando percebi que alguém próximo à minha realidade tinha um problema que eu poderia solucionar. A partir disso, redefini o que a Samba fazia, mas não quem a Samba era, e é exatamente por isso que conseguimos continuar inovando e fortalecendo essa cultura. A raiz disso tudo está naquela história que conto repetidas vezes para cada novo funcionário que entra na empresa e que dá para eles um senso de por que estão ali e por que devem lutar.

Um caso que mostra claramente esse fato é o da Procter & Gamble (P&G), empresa fundada em 1837 que originalmente produzia sabão e velas. Durante a guerra civil norte-americana, a P&G descobriu que seus dois principais produtos foram vitais para a saúde do país. As velas forneciam iluminação em um mundo em que ainda não existia luz elétrica, e o sabão era de extrema importância para prevenir infecções e doenças que aconteciam em consequência das batalhas.

Hoje, mesmo sendo uma das maiores corporações do mundo, a P&G se mantém fiel a esses valores de melhorar a vida das pessoas, realizando ações como dedicar uma parte dos lucros com a venda de fraldas Pampers para vacinar bebês em países em desenvolvimento. Além disso, tem iniciativas inovadoras e brilhantes para purificar e fornecer água potável para acabar com a sede de crianças e famílias em áreas onde não há saneamento básico. A empresa já forneceu mais de 15 bilhões de litros de água potável para diversos países e contribuiu para a diminuição da mortalidade infantil e de outros problemas impactados diretamente pelo problema da falta de água potável.

Isso não tem a ver só com impacto, mas também com construir organizações com identidade, em que as pessoas querem trabalhar, sabendo por que devem se entregar todos os dias e fazer o melhor trabalho que podem; isso vai criar um impacto maior na produtividade da sua equipe do que qualquer tática ou treinamento de gerenciamento de tempo que você possa fazer. Além disso, ações como essa comunicam aos seus clientes por que eles devem querer fazer

O MOTIVO

negócio com você, por que devem confiar nos seus produtos e na sua marca e por que devem apoiar sua causa e talvez tomá-la como própria, ajudando a espalhar a sua mensagem.

A única maneira de evitar a armadilha que pode acabar com qualquer negócio traz apenas uma palavra:

AUTENTICIDADE[11]

Não é feito em pedra

O propósito da sua empresa é o que vai guiar as decisões mais importantes e as mais banais do dia a dia, manter seus funcionários motivados e fazer você levantar da cama com energia, mesmo nos dias difíceis. Portanto, é importante entender que esse propósito

---

[11] Se você tem dúvidas ou quer saber mais sobre o assunto, envie um e-mail para falecom@gustavocaetano.com.br.

pode também evoluir, se transformar e se refinar, e não é algo feito em pedra que, uma vez feito, deve permanecer assim para o resto dos dias.

É preciso ser inteligente quanto a isso, porque, se você nunca muda ou no mínimo reavalia o propósito da sua empresa, qual é o seu lugar no mundo e por que vocês existem, você corre um grande risco de se tornar obsoleto; entretanto, se muda todo ano o seu propósito, poderá perder credibilidade e sofrer com falta de foco e direcionamento dos seus colaboradores e parceiros.

A melhor maneira que encontrei de pensar nisso veio de um pensamento pragmático e muito interessante de um dos empreendedores mais inovadores da nossa geração e talvez da história, o fundador da Tesla, SpaceX e cocriador do PayPal, Elon Musk. Ele disse que toda pessoa dentro de uma empresa é como um vetor, e o progresso feito pela empresa é determinado pela soma de todos os vetores, portanto é preciso saber direcionar todos os vetores para a mesma direção para que o progresso seja máximo.

Então, pense estrategicamente em qual direção o seu negócio está seguindo e direcione todas as suas forças disponíveis com o máximo do seu potencial para ela!

O Facebook mudou sua missão algum tempo atrás, assim como a General Electric e várias outras gigantes do mundo. Essas empresas sabem que é importante se reinventar e continuar evoluindo, porque nos negócios (e na vida) ou você está crescendo, ou está morrendo, não existe meio-termo. A escolha é sua.

Juntando tudo

- Os tempos mudaram, seu produto vai viver ou morrer nos dias de hoje com base em dois fatores principais:
  - qualidade;
  - o propósito que ele oferece aos consumidores (clientes, funcionários e/ou acionistas).

O MOTIVO

- É difícil colocar em palavras, mas é muito importante saber e articular por que a sua empresa deve existir.
- Suas ações devem ser coerentes com seu propósito, mesmo quando é difícil. O que você faz serve como prova das coisas em que você acredita, e se você falhar nisso é impossível fazer com que seu cliente ou o seu funcionário confie em você.
- Não precisa ter mania de grandeza no primeiro momento. Concentre-se em resolver um problema real e pelo qual você tenha paixão.

Inspire-se

Como fonte de inspiração, quero deixar algumas das missões que guiam as empresas mais amadas e com legiões de seguidores ao redor do mundo:

- Samba Tech: Ajudar a levar conhecimento para todos os cantos do Brasil.
- Amazon: Ser a empresa mais focada no cliente do mundo, onde consumidores possam encontrar e descobrir qualquer coisa que possam querer comprar com o menor preço possível.
- Uber: Transformar o transporte em algo confiável disponível a qualquer hora e em qualquer lugar.
- Airbnb: Criar um mundo onde todos se sintam em casa, oferecendo viagens saudáveis que sejam locais, autênticas, diversificadas, inclusivas e sustentáveis.
- Google: Organizar as informações do mundo e torná-las universalmente acessíveis e úteis para todos.
- Tesla: Acelerar a chegada dos transportes limpos e da produção de energia limpa.
- LinkedIn: Conectar profissionais do mundo inteiro para torná-los mais produtivos e para que tenham mais sucesso.

- **Facebook:** Dar para as pessoas o poder de compartilhar e tornar o mundo mais aberto e conectado.
- **Starbucks:** Inspirar e nutrir o espírito humano – uma pessoa, uma xícara de café e uma comunidade de cada vez.
- **Coca-Cola:** Refrescar o mundo, inspirar momentos de otimismo, criar valor e fazer a diferença.
- **3M:** Melhorar a vida humana por meio da inovação na educação, nas comunidades e no ambiente.
- **P&G:** Melhorar a vida das pessoas hoje e no futuro.
- **Nubank:** Acabar com a complexidade e devolver o controle da vida financeira para cada um.
- **MaxMilhas:** Fazer com que as pessoas viajem mais, porque todo mundo merece voar.
- **Gympass:** Combater o sedentarismo.
- **Reserva:** Ser um exemplo mundial de como a moda pode transformar a sociedade.
- **General Electric:** Criar coisas para construir, mover, empoderar e curar o mundo.
- **Disney:** Ser líder na produção e distribuição de entretenimento e informação, usando o seu portfólio e sua marca para diferenciar seus conteúdos, serviços e produtos.
- **Apple:** Desafiar o *status quo*.
- **Microsoft:** Permitir que pessoas e negócios alcancem o máximo do seu potencial.

Contando caso

Conselho é bom, mas o exemplo arrasta!

"Cuidar, emocionar e surpreender as pessoas todos os dias." Como esse pode ser o propósito de uma marca de moda masculina?

Acontece que não é… Esse é o propósito da Reserva, uma marca 100% brasileira que consegue transcender a moda e se tornou

O MOTIVO

um exemplo de como empresas podem fazer a diferença positiva na sociedade. Quando olhamos para o funcionamento da empresa, podemos ver esse propósito se manifestando em todos os níveis.

A marca surgiu treze anos atrás com uma pegada inusitada. Nas palavras do CEO e fundador Rony Meisler, a Reserva é diferente porque é de verdade, em um mundo em que todo mundo copia o que já existe, tem um *benchmark*, busca referências e gasta um bom tempo tentando projetar uma imagem de algo que gostaria de ser. A Reserva tem a coragem de ser ela, se posicionando mais como um amigo do que como uma empresa para os seus clientes e funcionários, e gerando impacto social.

A manifestação do propósito na empresa pode ser dividida em dois momentos distintos. No início da empresa, Rony e seu sócio foram capazes de se diferenciar por terem a coragem de se posicionar de maneira diferente. Na hora de contratar seus primeiros vendedores, o único critério era (e vou citar as palavras do Rony): "Só vou contratar quem for tão gente boa que eu vou querer levar pra jantar três vezes por semana!".

E foi assim. Na Reserva, a venda é vista como consequência, e não como a causa do relacionamento. O objetivo é o relacionamento, é a criação de um laço entre o funcionário e o cliente, entre o cliente e a marca... E assim mais e mais pessoas se apaixonam pela empresa. Existe inclusive uma premiação anual interna chamada "Movendo o céu e a Terra", que premia a melhor história de quem fez algo incrível para agradar o cliente. Isso dá liberdade e incentiva todo o time a pensar fora da caixa para escrever histórias sensacionais.

A trajetória da Reserva é exemplo claro de que, quando cuidamos das pessoas, elas cuidam dos resultados. A implementação de programas para realizar sonhos dos funcionários, para empregar pessoas da terceira idade que querem estar inseridas no mercado de trabalho (com o genial nome Cara ou Coroa) e a realização de eventos grandiosos para que todo o time possa estar junto, compartilhando os valores e os ideais da marca, são só exemplos do que a empresa acredita. A paixão dos fundadores nunca foi apenas por design e por moda, mas por se expressar, se comunicar e engajar com outras pessoas. A ideia sempre foi criar um ambiente que lembra uma mesa de bar. E o resultado disso é evidente no sucesso da marca e no clima em cada loja: é só visitar para entender.

A comunicação também faz parte dessa expressão. Como definiu o próprio Rony, em uma indústria em que todos os comerciais são uma espécie de monólogo que tenta vender um estilo de vida idealizado, a Reserva usa cada um dos seus canais para criar diálogos, levantar conversas interessantes e que acreditam ser relevantes para a sociedade. Vários temas já foram abordados nas campanhas, inclusive a fome e o preconceito. Tudo do jeito Reserva de ser: irreverente e inovador.

Essa história toda evoluiu para um projeto que acabou dando um novo significado para a marca, um motivo maior para cada envolvido na construção e no crescimento da Reserva levantar da cama de manhã e fazer o melhor trabalho possível com muita garra e dedicação.

Ao realizar um projeto social próximo a Fortaleza, Rony deu carona para um garoto da cidade, o que deu início a uma conversa que mudaria completamente o rumo das suas empresas e o trabalho da sua vida. Durante o trajeto, ele resolveu perguntar qual era a opinião do garoto sobre o programa de incentivo à educação que estava idealizando, e a resposta que ouviu foi daquelas que causam desconforto: "Você consegue trabalhar bem quando está com fome?".

A recomendação que ouviu foi que estudasse um pouco mais sobre o problema da fome no Brasil, porque a maioria das crianças do país que vão à escola pública não vão para estudar, mas sim para comer. Decidido a entender o problema mais a fundo, Rony voltou para casa e começou a estudar o problema. Entendeu que, no Brasil, mais de 58 milhões de pessoas (uma em cada quatro) acordam todos os dias sem saber se vão comer, e dessas 58 milhões aproximadamente 8 milhões realmente não vão comer nada, segundo dados da Organização Mundial da Saúde (OMS).

Comprometido a fazer algo a respeito, Rony criou, no dia 20 de maio de 2016, um projeto chamado 1P 5P, o que significa que, a cada peça de roupa que a Reserva vende, são doados cinco pratos de comida. Já foram entregues mais de 31 milhões de refeições até este momento e,

O MOTIVO

nas palavras do próprio Meisler, esse projeto se tornou a Reserva. Hoje, no contracheque, todos os colaboradores recebem uma relação de quanto ganharam e de quantos pratos de comida conseguiram doar. Eles fazem festa não quando batem meta, mas quando doam 1 milhão de refeições.

E ainda há a vantagem de que isso, além de fazer a diferença na vida de milhões de pessoas, é bom para a empresa. O faturamento da Reserva cresceu expressivamente depois desse programa, e os clientes se tornaram mais fiéis. As palavras podem motivar, mas o exemplo arrasta.

Você é capaz de imaginar quão motivada para fazer a diferença acorda cada pessoa que trabalha na Reserva? Para ser um pouco melhor hoje do que foi ontem?

Pense como seu propósito pode se manifestar e talvez (só talvez) deixar as coisas um pouco melhores.

CONFIRA A ENTREVISTA ACESSANDO O QR CODE AO LADO

EXERCÍCIO

Escreva no espaço delimitado, começando pelo POR QUÊ, cada um dos níveis. Você pode fazer o exercício em um nível pessoal e/ou para a sua empresa.

CAPÍTULO 4

GANHANDO VIDA

> "Não há por que começar um negócio, a não ser que você possa transformar para melhor a vida de outras pessoas. Então, se você tem uma ideia e pode fazer a diferença, faça acontecer."
>
> **Richard Branson**

Está na hora

Esse é um dos meus temas preferidos, e é o momento em que a conversa começa a ficar um pouco mais prática. A partir de agora, você pode sentir que seu empreendimento está se tornando algo maior do que apenas uma ideia ou um sonho.

Particularmente, tive que aprender essa parte na marra quando fui empreender pela primeira vez. Recebi a resposta do e-mail que eu tinha enviado para a empresa que vendia joguinhos para celular em Londres, e o primeiro pedido que me fizeram foi apresentar um modelo de negócios que fizesse sentido.

Eu não tinha ideia do que eles estavam falando e comecei a buscar fontes para aprender. Construí um documento de mais de sessenta páginas – e ainda bem que as coisas acabaram dando certo no final, mas vou compartilhar algumas lições valiosas para que você não gaste tanto tempo e não cometa os mesmo erros que eu cometi.

Essa é a etapa em que você vai responder a algumas perguntas cruciais sobre o seu negócio, não apenas para demonstrar, mas também para entender se é possível, na prática, fazer o que você quer e ter um entendimento mais profundo do que será preciso.

É aqui que a coisa fica real…

A partir
de agora,
você pode
sentir que seu
empreendimento
está se tornando
algo maior
do que apenas
uma ideia ou
um sonho.

GANHANDO VIDA

> "Nos apaixonar por servir as pessoas, gerar valor, solucionar problemas e criar conexões valiosas torna muito mais provável que possamos fazer um trabalho importante."
> **Seth Godin**

Dando vida

No ano de 1997, em uma cidadezinha com menos de 10 mil habitantes nos Estados Unidos chamada Scotts Valley, Reed Hastings, um matemático e cientista da computação, conversava com seu amigo Marc Randolph, profissional da área de marketing e empreendedor, sobre como poderiam criar algo com o modelo para a internet. Na época, a rede crescia em ritmo acelerado, e os dois admiravam alguns modelos de negócios on-line que estavam sendo criados, como o da Amazon e o do Google.

Viram uma grande oportunidade na indústria de locação de filmes devido à grande mudança que esse mercado estava enfrentando com o surgimento dos DVDs, uma novidade que tornava possível o envio de filmes pelo correio, por serem leves, pequenos e resistentes.

A ideia do negócio era a seguinte: o usuário entrava no site e encomendava os filmes que queria. Depois de assistir ou quando acabava o prazo, um funcionário da empresa passava na casa do usuário e pegava os DVDs. Simples assim, com o pagamento feito por filme selecionado.

Em 1999, a dupla surgiu com uma nova ideia, a opção de um modelo por assinatura, em que o cliente pagava uma taxa mensal e assistia ao número de filmes que estava no seu plano, sem se preocupar com nenhuma das taxas de atraso das locadoras. Esse modelo deixou a empresa famosa nos Estados Unidos.

Com o sucesso do modelo, no ano seguinte, em 2000, os fundadores procuraram a maior gigante de locação de filmes do mundo na época, a Blockbuster, e se ofereceram para vender a empresa pelo valor de 50 milhões de dólares. A líder do mercado recusou a oferta, acreditando que aquela companhia não representava uma ameaça real para o seu negócio.

A ironia dessa história é que alguns anos depois, em 2007, essa empresa que inicialmente não ameaçava a gigante do mercado já atingia a marca de 1 bilhão de DVDs alugados. Mas eles queriam mais...

Adotaram o modelo de *streaming* de vídeos on-line e revolucionaram a indústria como um todo. O impacto foi tão grande que, três anos depois dessa mudança de modelo, a Blockbuster decretou oficialmente falência. Já a empresa criada por Hastings e Randolph, a Netflix, chegou a ser avaliada em mais de 150 bilhões de dólares em 2018.

Saiba em que negócio você está

A história que acabei de contar me fascina por dois motivos principais. O primeiro é a admiração que tenho pela visão empreendedora e pela execução efetiva (não perfeita, porque isso não existe) na criação e evolução do produto da Netflix. O segundo é que a vejo como uma metáfora quase perfeita para o mundo em que vivemos hoje. É o exemplo claro da luta de Davi contra Golias e a demonstração clara de que, sabendo usar a inteligência e acompanhar a velocidade de transformação do mercado, os pequenos podem ameaçar e até vencer os gigantes que constroem sistemas engessados, se acham imbatíveis e se recusam a acreditar que o que os trouxe até aqui não é o que vai levá-los para o próximo lugar.

Mas existe ainda um pedaço dessa história que não contei. Acho que ele merece um espaço de destaque porque mudou a história dessas duas empresas e, provavelmente, a forma como nós consumimos conteúdo hoje em dia.

Como eu disse, no começo, a Netflix surgiu como uma alternativa à gigante Blockbuster, com um diferencial: não cobrava multas por atraso.

GANHANDO VIDA

As pessoas odiavam as multas por atraso (óbvio!) e, por isso, a Netflix começou a ganhar vários clientes e uma parte do mercado – não grande demais, mas o suficiente para começar a incomodar a líder do mercado. Por isso, a Blockbuster fez uma reunião de conselho, reunindo todos os diretores para decidir se acabaria com as multas por atraso.

Seria um movimento ousado que provavelmente acabaria com a Netflix. A jovem empresa, assim, não teria mais nenhum diferencial e, como a Blockbuster era gigantesca, com muito mais mercado e muito, mas muito mais dinheiro que a Netflix, seria realmente impossível competir pela atenção e pela lealdade dos clientes.

Acontece que a Blockbuster decidiu não acabar com as multas. Pense sobre isto: a empresa estava claramente perdendo muitos clientes e vendo um concorrente ganhar força e cada vez mais espaço no mercado que ela liderava por causa de um diferencial. Teve a chance de tirar essa "vantagem" que representava na época a principal razão para que a Netflix crescesse e escolheu não fazer. Por quê?

Bom, essa decisão foi tomada com base no dado de que, no ano anterior, a Blockbuster havia faturado cerca de 800 milhões de dólares só com multas por atrasos na entrega dos filmes.

Acontece que a toda-poderosa Blockbuster achou que estava no negócio de recolher multas por atraso e a Netflix entendeu que, na verdade, sua razão de existir era distribuir conteúdo. Foi exatamente por isso que viu primeiro a oportunidade de fazer isso em um novo canal digital, de forma mais cômoda e fácil para os clientes, que desenvolveu algoritmos inteligentes para indicar filmes, séries e documentários baseados no gosto de cada usuário, que resolveu dar mais um passo e começou também a produzir conteúdo para seus usuários.

Entender em que negócio você está é crucial para poder escolher o modelo de negócios certo para o seu produto.

Outro exemplo claro disso é o mercado de gastronomia. A menos que sua empresa faça exclusivamente entregas a domicílio, você não está apenas no negócio de alimentação, e sim no negócio de criar experiências. Se alguém saiu de casa e se sentou a uma mesa em seu estabelecimento, é importante entender que tudo, do momento em que essa pessoa saiu até quando ela volta para casa, é importante para criar uma experiência perfeita. O estacionamento, a recepção, a decoração, os forros de mesa, a higiene do lugar, os pratos e talheres, o modo como os atendentes se portam, a qualidade do atendimento e, sim, a comida. Tudo importa! Porque, novamente, você não está no negócio de entregar comida nas mesas, e sim no de criar experiências.

Encontre o seu oceano azul

Tive a oportunidade de estudar na Insead, uma das cinco melhores escolas de negócios do mundo e lugar onde nasceu uma teoria de negócios que explica muito bem o sucesso de algumas das maiores empresas do mundo e pode ser aplicada praticamente em qualquer mercado.

Segundo a analogia marítima feita pela norte-americana Renée Mauborgne e o sul-coreano W. Chan Kim, o oceano azul é um local onde se pode nadar livremente, enquanto os "oceanos vermelhos" representam os mercados já saturados, cheios de sangue derramados em batalhas de concorrentes.

A ideia básica é que uma das melhores formas de crescer é não competir. Encontrar mercados que estão sendo ignorados e problemas não resolvidos pelos gigantes do mercado. Parece impossível, mas é mais comum do que se pensa.

Sempre que falo sobre esse assunto, lembro-me do exemplo do Waze. A empresa israelense entrou em um mercado dominado pela organização TomTom, que, na época, aparentemente tinha resolvido todos os problemas relacionados a GPS. Tenho certeza de que alguns diretores da TomTom acreditavam que a empresa não poderia ser ameaçada, e o desafio deles então se tornou adicionar elementos divertidos nos aparelhos de GPS, como vozes de personagens conhecidos.

O Waze decidiu não brigar por aquele mercado e resolver um outro problema: o trânsito. Foi focando todos os seus esforços onde a

GANHANDO VIDA

maior empresa do mercado não era eficiente que o Waze construiu um império mundial, tornou-se líder da categoria e foi vendido para o Google por quase 1 bilhão de dólares.

Quando você está competindo com concorrentes que têm mais recursos e reconhecimento, a melhor alternativa é decidir não lutar de igual para igual, mas direcionar todo o seu foco para as áreas onde o seu concorrente não é eficiente. Essa é, mais uma vez, a história de Davi contra Golias.

O meu método

Uma coisa muito interessante a se notar sobre essa história toda que acabei de contar é que a roda gira. A Netflix desbancou o gigante do mercado da época e se tornou uma das empresas mais valiosas do mundo, dominando esse mercado. Mas, sempre que existem gigantes, existem também novos concorrentes que buscam ser uma alternativa melhor ou mesmo suprir alguma ineficiência do produto que predomina no mercado. O que está acontecendo neste momento é a grande ameaça chamada Disney Plus, que vem com um modelo de conteúdo proprietário (a empresa é dona de grandes marcas como Star Wars, ESPN, Fox, Pixar, Marvel, entre várias outras) para tentar abocanhar uma grande fatia desse mercado. É interessante observar de perto essa que pode ser uma revolução de conteúdo e de modelo no mercado de *streaming*. Isso mostra como é cada vez mais importante a renovação dos modelos de negócios para todo mundo, não importa há quanto tempo você está no mercado nem quanto sucesso já teve.

É por isso que, sempre que entro em um novo negócio, procuro me fazer quatro perguntas antes de começar a pensar qual é o modelo de negócios ideal. Elas me ajudam a pensar com clareza, entender o que realmente importa e tomar decisões.

Recomendo que você passe um tempo refletindo sobre as seguintes questões:

Quem são as pessoas a quem servimos?

Aqui, não listamos todas as pessoas que potencialmente podem ser nossas clientes, mas sim as primeiras que queremos transformar, aquelas que estão sofrendo com o problema que podemos solucionar, as que estão ativamente buscando uma alternativa, que estarão dispostas a experimentar. Se você quer montar, por exemplo, uma loja que vende açaí na sua cidade e seu diferencial é que ele tem propriedades mais saudáveis e é mais natural, seu público não é toda a cidade, não é nem todos da cidade que gostam de açaí, mas sim aquelas pessoas que gostam de açaí e de se alimentar de forma saudável, os clientes das outras lojas que já fazem pedidos com adicionais como granola, banana e castanhas, e que se preocupam com o que consomem a partir desse ponto de vista.

Se você fizer isso bem-feito e conquistar de verdade essas pessoas, há uma chance de a notícia se espalhar, de conquistar clientes leais que vão ser seus maiores promotores e atrair um novo público. Mas sempre precisamos ter claro quem são as pessoas a quem devemos servir primeiro.

Se você já possui um produto ou uma empresa e já tem alguns clientes, a pergunta a se fazer é: quem é a minha base? Porque toda empresa tem uma base, e o melhor conselho que eu tenho para qualquer organização é gastar um tempo considerável entendendo tudo, absolutamente tudo sobre seus clientes. Lembre-se sempre de que, se você não souber e não estudar mais sobre seu cliente do que qualquer um, outra pessoa (ou empresa) vai fazer isso e ela vai ter uma vantagem desigual na hora de competir pela atenção e pela fidelidade do seu mercado. Colocar o usuário final, seu cliente, em primeiro lugar é sempre uma boa ideia. Não subestime o poder da empatia e da preocupação real e genuína com as pessoas a quem você está pedindo confiança.

De que essas pessoas precisam?

Isso tem relação direta com a ideia de colocar o cliente em primeiro lugar.

GANHANDO VIDA

A resposta para essa pergunta pode mudar muito rápido, e essa é a beleza do jogo. É por isso que empresas ganham e perdem fatias de mercado com muita velocidade, é por isso que nove em cada dez empresas que figuraram entre as quinhentas maiores dos Estados Unidos na lista da revista *Fortune* na década de 1950 já não existem mais.[12] E é por isso que essa é uma pergunta que vale se fazer constantemente para analisar e repensar como fazemos as coisas e se o que fazemos está de acordo com o que nossos clientes precisam.

Existem duas formas de chegar à resposta para a essa pergunta: a primeira é literalmente perguntar para seus clientes em potencial o que eles querem. Isso pode funcionar bem na criação de um produto. O desafio é saber quem ouvir e quais conselhos implementar. Nem tudo o que você ouvir vai ser relevante, muito menos valerá a pena construir.

Eu gosto de fazer da segunda forma: observar problemas e testar soluções.

O truque aqui é que se deve realmente criar protótipos para validar (vamos falar disso no próximo capítulo) com várias pessoas. Então, é preciso estar disposto a falhar, é preciso quase buscar as falhas, sempre com o objetivo de entender mais sobre seus clientes, do que eles precisam e o que você pode fazer para ajudar.

Essa reflexão pode trazer lições valiosas para decidir se o jeito certo de vender para seu cliente, por exemplo, é pontual ou por assinatura. Assim, você poderá definir qual é sua proposta de valor e se as pessoas vão poder comprar pela internet ou apenas fisicamente.

O que eu tenho hoje?

É importante tirar um tempo para listar tudo o que você já tem: contatos, meio de produção, lugar, capital, pessoas, equipamento,

---

12 AMERICAN ENTERPRISE INSTITUTE. *Fortune 500 Firms in 1955 vs. 2014; 88% Are Gone, and We're All Better Off Because of That Dynamic Creative Destruction.* 8 ago. 2014. Disponível em: https://www.aei.org/carpe-diem/fortune-500-firms-in-1955-vs-2014-89-are-gone-and-were-all-better-off-because-of-that-dynamic-creativedestruction/. Acesso em: 1 dez. 2019.

clientes, lista de e-mails, grupos de divulgação. Tudo o que pode ajudar a fazer sua ideia levantar voo.

Às vezes, a resposta para essa pergunta vai ser bem pequena, principalmente se estiver começando do zero. Mas tente ver além do óbvio: se está começando agora, você tem uma nova perspectiva, determinação e uma ideia. Foi literalmente assim que boa parte das grandes histórias de sucesso começaram.

O que eu sei?

Chegamos à pergunta mais importante para empreendedores que realmente querem fazer algo de valor. Se meu tempo no campo me mostrou alguma coisa, é que o que temos de mais importante não são os equipamentos nem os contatos, mas o conhecimento. O que você confia que sabe fazer melhor que qualquer um? Uma vez que sabe algo e pode aplicar aquilo para resolver um problema relevante para alguém de uma maneira mais elegante ou eficiente, é difícil que algo fique entre você e seu sonho, você está no caminho para realizar seus objetivos. Mas é importante lembrar que o conhecimento vem primeiro.

Depois de fazer essas perguntas, você pode começar a pensar em como montar um plano de negócios. Para que isso funcione, é necessário usar as melhores ferramentas à sua disposição.

Canvas

Por meio de pesquisas realizadas entre 2004 e 2010, o teórico da administração Alexander Osterwalder criou uma das ferramentas que realmente revolucionou a criação do modelo de negócio.

A beleza da criação de Alexander está exatamente na simplicidade. Não é preciso ter conhecimento ou experiência na criação de empresas para preencher; ela tem apenas uma página e permite visualizar como um todo a estrutura do seu negócio.

COMO FAÇO?

Parcerias-chave

Atividades-chave

Recursos-chave

O QUE FAÇO?

Proposta de valor

PARA QUEM?

Relações com cliente

Canais

Segmentos de mercado

Estrutura de custos

Fontes de renda

QUANTO?

Não existe uma ordem certa ou errada para preencher, então, para guiá-lo nesse processo, vou mostrar como eu faço, para que você saiba por onde começar:

- *Proposta de valor.* Aqui você vai escrever o motivo pelo qual seus clientes vão se interessar em comprar seus produtos ou serviços. Escreva o que você tem a oferecer do ponto de vista do seu cliente.
- *Segmento de mercado.* É preciso definir muito bem quem são seus clientes. A dica é ser o mais específico possível: defina onde estão localizados, qual é o perfil, idade, estilo de vida... Ponha o máximo de informações que você puder sobre quem são seus possíveis clientes.
- *Canais.* Como as pessoas vão saber que você existe; como vão interagir com você.
- *Relações com cliente.* Definir como fazer para conquistar e manter um bom relacionamento com seus clientes.
- *Fontes de renda.* Como e quanto o cliente vai pagar pelo seu produto ou serviço.
- *Recursos-chave.* Listar os recursos necessários para fazer o negócio funcionar.
- *Atividades-chave.* Listar as ações necessárias para que você possa desenhar a proposta de valor.
- *Parcerias-chave.* Identificar quais são seus fornecedores e parceiros.
- *Estrutura de custos.* Levantar o que vai ser gasto para realizar a proposta de valor.

No início deste capítulo, contei a história de como a Netflix se tornou a gigante dominante no mercado de *streaming* de vídeos e uma das empresas mais valiosas do mundo hoje. Quero que você tire duas lições fundamentais dessa história: a primeira é a importância de encontrar o modelo de negócios certo para sua empresa (e que

GANHANDO VIDA

esse caminho nem sempre é rápido). Reed e Marc testaram o modelo de locação e de assinatura com DVDs antes de experimentar o atual sucesso absurdo com a empresa.

E a segunda é que inovar não necessariamente significa criar algo novo. O modelo de assinatura já existia; o toque genial nessa história foi transferir o modelo que usavam para alugar DVDs para o ambiente on-line.

O poder das perguntas

Há muito tempo, li uma frase que me impactou profundamente e mudou meu jeito de pensar sobre as coisas: "A qualidade da sua vida é diretamente relacionada à qualidade das perguntas que você se faz constantemente".

O contato com essa ideia mudou a maneira como olho para os problemas e para as indústrias em que pretendo atuar.

Falo muito sobre rebeldia e acredito que grandes mentes estão sempre questionando o *status quo* e a maneira como as coisas são feitas. É assim que progredimos! Principalmente quando entramos em um novo mercado, é importante ter um olhar de observador, de aprendiz, buscando entender como as coisas funcionam e relacionar como elas deveriam ou poderiam funcionar.

Algumas perguntas que me faço sempre que aprendo sobre algum mercado e que me renderam bons dividendos são:

1. O que é ineficiente nesse mercado?
2. O que mais frustra os clientes na experiência de compra?
3. Quais são as promessas feitas pelas empresas e como elas cumprem?
4. Qual é a transformação desejada pelo cliente?
5. O que funciona bem nesse mercado?

6. Quais são os processos, tecnologias e mentalidades que posso trazer de outros mercados e outras indústrias para esse?
7. O que "sempre foi feito assim", mas já está ultrapassado?
8. O modelo de negócios aplicado nessa indústria é o ideal do ponto de vista do cliente?
9. Que tecnologia posso acrescentar para aumentar a velocidade e a comodidade do cliente final?
10. Como posso alterar a estrutura de custos para tornar o produto final mais barato e acessível para o cliente final?
11. Existe um intermediário na indústria que pode ser cortado?

Foco no cliente, sempre

> "Nós tivemos três grandes ideias na Amazon, fomos fiéis a elas por dezoito anos e elas são a razão para o nosso sucesso: coloque o cliente em primeiro lugar, inove e tenha paciência."
>
> **Jeff Bezos**

Uma vez que você entendeu o Canvas, como ele funciona e como criá-lo, é hora de dar o próximo passo.

Esse é no mínimo um exercício válido para o sucesso de qualquer empreendedor, porque é voltado a entender quais são as necessidades do cliente para poder desenvolver produtos e ofertas que realmente ressoem com a audiência que se quer atingir e as pessoas a quem se deseja servir.

Para usar essa ferramenta, você precisa calçar os sapatos do consumidor, colocar-se no lugar dele e entender que seus potenciais clientes não são números ou robôs, são seres humanos com sentimentos e que, apesar de estarem buscando a solução para o problema que você quer resolver, não têm tempo para fazer muita pesquisa sobre cada solução e várias vezes simplesmente não confiam em você.

As melhores empresas e os empreendedores de maior sucesso têm algo em comum: são obcecados pelo cliente!

Essa é uma ferramenta valiosa para ter um entendimento mais profundo sobre as pessoas que você quer transformar. Não adianta falar que se preocupa com seu cliente se você não entende quem ele é, do que precisa e o que está buscando.

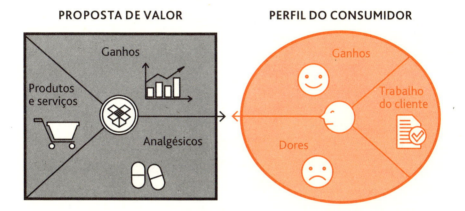

Contando caso

Esta história é mais do que a trajetória de um garoto que saiu da periferia do Rio de Janeiro para ganhar o mundo.

Com apenas 19 anos, Flávio Augusto conseguiu um emprego como vendedor para uma escola de inglês no Rio de Janeiro. Sempre motivado e mostrando um desempenho muito acima do normal, com apenas dois meses e meio de empresa foi promovido a gerente e, aos 23 anos, já era diretor do curso.

Depois de acumular muito conhecimento do mercado e entender profundamente quem eram seus clientes, ele percebeu que o modelo dos cursos de idiomas praticamente ignorava as necessidades de grande parcela dos alunos. E foi se fazendo as quatro perguntas que citei anteriormente que ele pôde encontrar seu oceano azul.

Todos os cursos das escolas na época eram voltados para a formação de professores de inglês, com aulas muito técnicas e minuciosas e foco no público mais jovem (infantil e adolescente). A duração média de uma formação completa na língua era em torno de sete anos.

Mas Flávio foi capaz de enxergar um novo mercado. Em meados da década de 1990, o Brasil se abriu mais para o investimento estrangeiro, várias empresas internacionais abriram filiais em terras brasileiras e, nesse contexto, quem sabia falar inglês largava na frente no mercado para disputar vagas de bons empregos, com melhores salários e em empresas internacionais.

O problema era que nenhum dos cursos da época era focado nesse público que precisava aprender inglês de maneira rápida e mais focada no âmbito profissional, negociações e mercado do que em aspectos mais técnicos da língua inglesa.

Foi assim que, em abril de 1995, nasceu a Wise Up. Desde o primeiro momento, o objetivo era ser a maior rede do ensino de línguas para adultos no Brasil. E tudo que a empresa fez foi coerente com essa missão. Exemplo disso foi a mais famosa promessa que fizeram: aprenda inglês em dezoito meses!

Foi atendendo às necessidades de um nicho específico, trabalhando duro, aprendendo e desenvolvendo métodos eficientes que realmente cumpriam as promessas feitas para os alunos que Flávio Augusto conseguiu ir de um começo humilde para 24 escolas espalhadas por várias cidades brasileiras em apenas três anos.

O sonho se expandiu e ele hoje se tornou um dos poucos bilionários brasileiros, com negócios que vão de um clube de futebol em Miami, o Orlando City, até um canal dedicado a educar empreendedores como eu e você que ensina lições valiosas para a construção de qualquer negócio, o Geração de Valor.

Tudo isso começou com a identificação de um problema que não estava sendo resolvido pelo modelo tradicional e a decisão de não brigar de igual para igual com as grandes escolas de inglês que dominavam o mercado. Flávio, como Isabela, sobre quem contei no

GANHANDO VIDA

capítulo 2, decidiu atuar onde os grandes eram ineficientes, resolvendo os problemas que os gigantes ignoravam e se posicionando de forma clara para atender às necessidades dos seus clientes melhor que qualquer um no mercado.

Juntando tudo

- Saiba em que negócio você está.

Sua ideia surgiu para resolver um problema específico, e é muito fácil se perder com coisas no caminho que desviam o seu foco do objetivo principal. Mantenha-se focado no objetivo e encare sempre a sua solução buscando novas e melhores formas de servir o seu cliente.

- Use o método das quatro perguntas para definir o melhor modelo de negócios.
  1. Quem são as pessoas a quem eu quero servir?
  2. Do que elas precisam?
  3. O que eu tenho hoje?
  4. O que eu sei?
- Para facilitar o processo de construção do seu modelo de negócios, utilize ferramentas poderosas como o Canvas.
- Questione o *status quo* e faça perguntas relevantes para construir algo único.
- Seja fanático pelo seu cliente, mantenha o foco e desenvolva empatia pelas dores, problemas e necessidades das pessoas. Um exercício que pode ajudar nesse processo é o Customer Value Canvas.

EXERCÍCIO

Em uma folha à parte, preencha o Canvas e o Customer Value Canvas.

CAPÍTULO 5

SERÁ?

> "Começar e crescer um negócio tem tanto a ver com inovação, determinação e disciplina dos fundadores quanto com o produto que eles vão vender."
>
> **Elon Musk**

Um dos meus maiores erros

Um dos momentos cruciais na minha carreira aconteceu depois de uma conversa com o então presidente da Oracle, Ciro Dehli, em que discutimos as dificuldades de fazer uma comunicação eficiente em uma empresa do porte daquela, que na época já contava com mais de 3 mil funcionários.

Para se ter uma ideia do quão demorado e complexo é esse processo, para produzir um vídeo comunicado para todos os funcionários, é preciso roteiro, aprovação em vários níveis, produção, edição... Isso tudo pode levar semanas ou até meses!

Muitas vezes, a mensagem que o próprio Ciro ou algum outro executivo ou líder da Oracle queria passar tinha alguma urgência. Acontecia inclusive de, quando o vídeo finalmente ficava pronto, ele não ser mais necessário.

Por isso, a única saída era o uso de canais alternativos, como o WhatsApp, algo problemático para uma empresa desse porte. A plataforma não é segura e facilita o vazamento de informações delicadas. E, quando alguém se desligava da empresa por qualquer razão, levava também aquela informação.

Como sempre fui fascinado por problemas, comecei a pensar em como poderia resolver esse enigma. E foi assim que nasceu o

Kast, um produto da Samba Tech que funcionava como uma espécie de Snapchat corporativo.

O diretor ou presidente poderia gravar um vídeo, enviar uma mensagem de texto ou imagem, selecionar equipes ou indivíduos para enviar de forma simples e muito rápida em um ambiente seguro, que impediria downloads, *prints* e dificultaria muito que qualquer informação sigilosa caísse em mãos indesejadas. Depois de um tempo, a mensagem desaparecia. Parece perfeito, não é?!

Recebemos ótimos feedbacks, validamos a ideia, investimos na criação de um produto com usabilidade incrível e... fracassamos! Isso mesmo, o produto deu errado.

Depois de quase um ano, muito dinheiro e tempo investidos, tivemos que tirar o pé do acelerador e descontinuar o Kast. Fiquei chateado por acreditar na ideia, mas aquele foi um dos momentos mais importantes da minha carreira, porque aprendi na prática lições que livro nenhum me ensinou.

Depois de tentar por vários meses alavancar esse produto, percebemos que, apesar de a ideia ser realmente inteligente, simplificar processos e resolver um problema, apesar de ser uma coisa em que nós realmente acreditávamos, falhamos em validar uma hipótese fundamental para o sucesso de qualquer negócio. Vou contar exatamente qual foi no final deste capítulo.

Saí dessa experiência chateado pelo fato de não ter conseguido o sucesso esperado com a ideia, mas grato e animado com todo o conhecimento que essa experiência proporcionou não só para mim mas também para a Samba Tech.

Meu maior objetivo com este livro é que você saia com ações práticas bem definidas para transformar o seu sonho em realidade, dar o primeiro passo e não cometer os mesmos erros que eu cometi. Portanto, vou mostrar exatamente meu passo a passo quando o assunto é validação.

SERÁ?

Fuja desse ciclo

Acredito que o processo de se encontrar na vida, de saber o que quer fazer e descobrir quais são as suas paixões começa com eliminação, ou seja, é importante descobrir primeiro as coisas que não se quer fazer e que se deve evitar.

Minha história é um exemplo disso. Contei em meu primeiro livro que empreender nunca foi um grande objetivo para mim. Eu apenas soube, durante o meu primeiro estágio em uma grande corporação, que não me encaixava em uma organização engessada, em que para se criar algo ou testar uma simples ideia era preciso passar por diversos níveis hierárquicos dentro da empresa.

Eu precisava estar em um ambiente dinâmico, transparente e criativo, em que ideias são encorajadas e podem ser testadas livremente (ou pelo menos o mais próximo possível disso) em benefício da organização. Procurei criar essas condições em todos os lugares por onde passei, mas só descobri isso porque primeiro soube exatamente o que não queria fazer.

Seguindo esse raciocínio, para falar sobre validação, quero fazer o mesmo: vou começar explicando o ciclo vicioso no qual vejo vários empreendedores entrando e que leva ideias brilhantes diretamente para o fracasso.

> "O desafio é aprender o que os clientes querem de verdade, não o que eles dizem que querem ou que nós pensamos que eles deveriam querer."
>
> **Eric Ries**

O que observo no mercado de hoje é que a maioria das pessoas comete um de dois erros.

O primeiro é ter uma ideia, anotar em um caderno "secreto" para que ninguém possa "roubar", desenvolver o "produto perfeito" por meses ou talvez anos e depois levar para o mercado apenas para descobrir que as pessoas não querem aquilo ou não estão dispostas a pagar o preço que faria com que o negócio fosse sustentável.

O segundo é ter uma ideia, visualizar uma situação ou um produto perfeito, criar uma logo, uma identidade visual, um site, fazer uma estratégia de marketing digital, de mídia paga e de produção de conteúdo, imprimir cartões de visita, e isso tudo sem ao menos ter feito uma venda, sem ter colocado o produto nas mãos de uma única pessoa sequer.

São erros tão terríveis quanto comuns, e a primeira lição que quero compartilhar neste capítulo é que conversas positivas não são validações. Alguém dizer que o que você tem em mãos é de fato uma boa ideia não significa que está na hora de pensar em sua estratégia de marketing.

Como eu disse na introdução, para empreender não é preciso reinventar a roda. Existem métodos comprovados de como fazer e, se você quer ter a melhor chance de ter sucesso, é só seguir o passo a passo, adaptando essas etapas para a sua realidade.

Não é fácil, mas, se você quer a oportunidade de construir a vida dos seus sonhos, esse é o caminho. Então, vamos aos passos:

Não fique apenas no sonho

Falhe rápido...

Em vez de guardar sua ideia a sete chaves para que ela não seja roubada e outra pessoa fique trilionária e vá para uma praia na Indonésia tomar água de coco em uma ilha particular, experimente fazer o contrário. Fale sobre a ideia, colha dados e entenda o mercado.

Esse conselho pode ser entendido errado, então vamos expandir um pouco mais esse argumento.

Quando digo que você deve conversar com muita gente, não estou aconselhando a conversar com todo mundo que conhece. Isso seria irresponsável e, no mínimo, arriscado. O risco não é que

SERÁ?

outra pessoa roube a sua ideia, mas que as opiniões não ajudem de verdade a realizar seu principal objetivo. Entender se existe no mercado a necessidade para a solução do problema que você deseja atacar e se a sua forma de solucioná-lo é eficiente devem ser o principal objetivo.

Para isso, é preciso entender que sua solução, independentemente de qual seja, não é para todo mundo. Na verdade, nada é! Sua ideia deve ajudar a melhorar a vida de um grupo seleto de pessoas, é para quem o entende, quem sofre com aquele problema e ficaria feliz com uma forma inteligente e elegante de resolvê-lo.

A primeira coisa que você deve se perguntar, portanto, é: para quem é isso que estou fazendo?

O próximo passo é encontrar essas pessoas. Elas, sim, vão poder dar opiniões, análises e feedbacks valiosos. O truque aqui é que nem sempre são as pessoas próximas a você, cujas visões, às vezes, podem atrapalhar o desenvolvimento da ideia. É claro que elas não fazem isso por mal, afinal, querem ajudar e contribuir como podem. No entanto, se elas realmente não são seu público-alvo, como poderiam entender de verdade o problema ou se a sua solução faz sentido?

... aprenda mais rápido ainda

Existem duas maneiras de lidar com o fracasso. A primeira é aprender, enxergá-lo como uma lição valiosa que vai ajudar a corrigir o curso para chegar ao seu destino final. A segunda é enxergá-lo como a própria linha de chegada, como um triste fim de um sonho.

Empreendedor não tem tempo para o segundo tipo!

É preciso estar sempre aprendendo com as falhas, com os fracassos, usando todas essas lições para aprimorar cada elemento do seu produto.

> "Uma das lições mais importantes do método científico:
> se você não pode falhar, não pode aprender."
>
> **Eric Ries**

Não adianta falhar se você não aprender.

No início da minha carreira, quando precisei levantar dinheiro para começar a Samba, fui a vários investidores e muitas vezes fiz ótimas apresentações, falei com propriedade e paixão sobre minha visão, o que estava buscando e o tamanho das possibilidades no mercado. Ao final, recebia um sonoro "não".

Isso não me desanimava, sei que faz parte do jogo. Mas eu ficava me perguntando como poderia usar aquele momento para crescer. Depois de uma reação negativa, comecei a voltar para a sala e conversar com os investidores que me rejeitaram. Começava assim: "Pessoal, eu gostaria de agradecer pelo tempo e pela atenção de vocês, não estou querendo mudar nenhuma opinião, já entendi que esse investimento não faz sentido para vocês nesse momento, mas, se eu puder fazer uma pergunta, queria saber: por quê? Por que vocês decidiram não investir? O que estavam buscando e o que eu poderia ter falado ou mostrado de diferente?".

Quando me receberam, aquelas pessoas esperavam algo, caso contrário não teriam gastado o tempo e o esforço de ver um garoto sonhador falando por quase uma hora (às vezes, mais). Então, é lógico pensar que, se eu atendesse ou superasse as expectativas delas naquelas reuniões, sairia delas com um cheque.

O que percebi foi que aquelas pessoas ficavam felizes em me dar feedbacks muito sinceros sobre o que eu poderia melhorar e fazer diferente. Algumas daquelas conversas mudaram a minha vida.

Partindo desse exemplo, meu conselho é que você use isso para qualquer conversa na etapa de validação, de venda e com pessoas que já são clientes. Pergunte e aprenda o tempo todo; esse processo não tem fim e vai lhe ensinar mais do que qualquer livro, inclusive este.

SERÁ?

Vamos começar do começo

> "Saiba mais sobre seu negócio e sua indústria
> do que qualquer um no mercado.
> Ame o que você faz ou não faça."
> **Mark Cuban**

Vale a pena investir um tempo para entender a fundo o mercado.

É claro que existe vantagem em entrar em um novo mercado com olhos frescos: você consegue perceber algumas ineficiências e problemas que aqueles já imersos ali há anos simplesmente não conseguem identificar. No entanto, foi criada uma confusão com relação a isso, e acho que meu ponto de vista sobre o assunto pode servir a muita gente.

Você precisa se tornar um especialista!

Você só consegue perceber as falhas de um mercado depois de consumir, entender, conversar com pessoas envolvidas, observar e talvez até trabalhar um tempo na área. Olhos frescos não significam não ter nenhum conhecimento sobre o mercado, e sim que você é novo nesse mercado e está disposto a aprender o funcionamento interno das coisas. Antes de propor algo melhor, é preciso dar um passo para trás e entender como as coisas realmente funcionam e quais são os problemas que você pode enfrentar.

Se sua ideia é montar um restaurante, entenda o que você pode trazer de novo para o ramo, vá a todos do seu segmento, converse com quem tem mais conhecimento que você para obter informações críticas e veja em que eles estão falhando. Só então você vai poder propor algo de valor e que pode ser aplicado.

Entenda para quem é

Umas das principais razões por que grandes ideias falham é a falta de entendimento por parte dos empreendedores dos segmentos de mercado. Seu produto não é para todos, você não vai alcançar todo mundo. Isso é caro demais e impossível.

Vale a pena investir um tempo para entender a fundo o mercado.

SERÁ?

O segredo é saber exatamente para quem você vai vender. Estamos no que chamo de "a era dos supernichos".

Vou falar mais sobre esse assunto nos próximos capítulos, mas só para que você entenda um pouco melhor o que eu quero dizer, vou dar um exemplo.

Se pretendo criar uma loja de roupas (seja ela on-line ou física), não importa se desejo vender para todas as idades e gêneros; a coisa mais arriscada que posso fazer no primeiro momento é pressupor que todo mundo é o meu público. É importante definir que quero vender para homens com estilo moderno que têm entre 25 e 40 anos, trabalham das 8 às 18 horas e gostam de tomar uma cerveja no fim de semana assistindo ao jogo de futebol de seu time.

Quando digo isso, sempre escuto uma pergunta que deve estar na sua cabeça agora: mas fazendo isso eu não limito o meu mercado? A resposta é não!

Fazendo isso, você tem clareza de quem é seu público e se dá a melhor chance possível de se destacar na primeira fase. E o mais importante é que seu público-alvo não é seu mercado.

Meu primeiro livro foi escrito para empreendedores e executivos que já atuam no mercado e queriam saber como implementar processos de inovação e desenvolver uma mentalidade que lhes permitisse se adaptar a esta nova era digital. O que aconteceu foi que, depois que leram o livro e gostaram, essas pessoas recomendaram para amigos que se interessavam pelo tema, e o ciclo começou.

Hoje, recebo mensagens de fisioterapeutas, profissionais de educação física, estudantes, dentistas, professores, presidentes de empresas... pessoas de todos os campos profissionais e acadêmicos que me contam o quanto os conceitos que estão ali foram importantes e têm aplicação em seu dia a dia.

Quando você sabe exatamente quem é a pessoa com quem vai falar, é possível ter mais clareza nas ações e decisões cotidianas. Não significa que esse vai ser seu único mercado ou que vão ser as únicas pessoas que poderão comprar de você.

105

Desenhar a experiência perfeita

Agora que você já discutiu sua ideia com as pessoas certas, colheu feedbacks, entendeu sobre o mercado e definiu quem é seu micronicho ideal, o próximo passo é visualizar.

Calma que não sou nenhum *coach* e isto não é "o segredo". Quero que você pegue um quadro ou um caderno, imagine-se como o usuário da sua solução e comece a desenhar a experiência perfeita. É um exercício imprescindível. Como bônus, posso garantir que é simples e divertido também.

Crie cada etapa pela qual o usuário vai passar com o seu produto ou serviço, sempre procurando responder a esta pergunta: o que seria mais próximo da perfeição? Não agora, no momento inicial, mas em relação ao produto final. Qual é sua visão? Não deixe isso apenas na sua cabeça, idealize em forma de desenho ou escrita. Faça isso agora mesmo sem medo; essa experiência não é feita em pedra e sempre que possível e necessário é importante revisitar e aprimorar cada etapa.

O Airbnb fez exatamente isso quando precisou validar sua ideia. Os fundadores queriam criar a experiência de viagem perfeita para um cliente e, para isso, ofereceram para um dos usuários da plataforma uma viagem gratuita. Eles pensaram em todos os elementos, criaram uma história e procuraram saber tudo o que podiam sobre aquele usuário para criar uma experiência inesquecível. Ao fim da viagem, viram lágrimas correndo no rosto do cliente e receberam abraços emocionados ouvindo que tinha sido a melhor viagem da vida dele. Os empreendedores logo pensaram que agora sabiam exatamente como criar a viagem perfeita para uma pessoa, e o desafio seria descobrir como fazer isso para milhões de pessoas. E é isso que estão buscando construir desde então.

Feito isso, está na hora de dar o próximo passo.

Transforme sua ideia em algo palpável

Já contei em meu primeiro livro como fiz uma das vendas mais importantes da minha vida – para a TV Bandeirantes –, uma venda que mudou a minha história e a da Samba Tech.

SERÁ?

Fui até o programador que trabalhava comigo e pedi a ele que "copiasse" o YouTube e mudasse a cor. E foi exatamente isso que ele fez. Bem, quase. Ele me contou que era um protótipo, ou seja, algo que apenas parecia que funcionava, então eu só poderia clicar em alguns lugares específicos e no fim teria que enrolar, porque não tinha dado tempo de deixar pronto.

A história é engraçada, principalmente depois que deu certo, mas a principal lição que eu esperava que todo mundo tirasse era que, para validar uma ideia, é preciso ter algo mais que apenas uma ideia. Você precisa transformar a sua ideia em algo real, palpável.

A maneira de fazer isso varia de negócio para negócio, de mercado para mercado. Pode ser uma apresentação de PowerPoint com imagens do produto, um serviço simplificado ou o próprio produto final. O importante é que, para mostrar seu sonho para as outras pessoas, é preciso mais que apenas contar uma história.

Entenda o que é um MVP

Isso tudo que acabei de falar é só o começo.

Para validar realmente uma ideia, é preciso transformá-la em algo tangível. Não dá para chegar na frente de um possível cliente, ou mesmo de um potencial investidor, e falar que você "tem uma ideia". É preciso mostrar algo sólido, não apenas para alcançar o sim – porque a verdade é que isso não acontece todas as vezes (nem na maioria delas) –, mas para que você possa aprender, fazer perguntas e entender mais sobre o seu cliente.

E é aí que entra o conceito de Mínimo Produto Viável (*minimum valuable product*), o famoso MVP. A sigla deixa muita gente confusa, mas o conceito é bem mais simples do que parece.

Essa ideia foi criada por um autor e empreendedor chamado Eric Ries em 2011 no seu best-seller *A startup enxuta* e representa a maneira mais fácil, rápida e barata de testar uma ideia.

Segundo Ries, para saber quais são as chances de um produto, serviço ou empresa funcionar, precisamos primeiro validar as **"hipóteses críticas, hipóteses de valor e hipóteses de crescimento"**. Para que você acabe com qualquer dúvida e tenha ferramentas práticas para trabalhar, vamos detalhar um pouco cada uma delas.

Hipóteses críticas

Em 1999, o norte-americano Nick Swinmurn teve a ideia de criar uma loja de sapatos on-line. Hoje, parece um negócio óbvio, mas naquela época o que ele ouvia quando falava sobre seu projeto é que era louco, pois as pessoas não comprariam sapatos na internet, que era um item que temos que experimentar e ver quão bem nos sentimos e quão confortáveis ficamos calçando.

Já que essa era a objeção mais ouvida em seu meio, Nick sabia então qual era sua hipótese crítica, e a pergunta a ser respondida passou a ser: as pessoas comprarão calçados na internet?

Para validar essa hipótese sem investir rios de dinheiro ou muito tempo, ele decidiu criar um site simples e abordar várias lojas de sapatos da sua cidade natal (Las Vegas, Nevada) e fazer um pedido simples: ele queria tirar fotos de todos os sapatos que as lojas estavam vendendo, colocar no seu site e, se houvesse pedidos, ele mesmo iria à loja comprar, embalar e enviar para o cliente final. Pronto!

Estava criado o MVP que inicialmente se chamava ShoeSite.com. A ideia básica era aprender observando o comportamento dos usuários, validar a hipótese crítica e descobrir se as pessoas estavam realmente dispostas a comprar sapatos na internet.

Algum tempo depois, quando Nick não aguentava mais tanta demanda, ele aperfeiçoou o site, começou a aprimorar a sua empresa e mudou o nome para Zappos, que veio a se tornar uma das maiores lojas de calçados do mundo até ser vendida em julho de 2009 para a Amazon por uma bolada em torno de 1,2 bilhão de dólares.

Pode ser que o seu negócio tenha uma hipótese crítica, pode ser que ele tenha várias: o exercício aqui é pensar como testar essas ideias antes de

SERÁ?

começar a criar toda uma estratégia de marketing e gastar rios de dinheiro na construção do produto final. Você deve pensar em qual é o mínimo de coisas que precisa colocar no produto para chegar a essa resposta.

Hipótese de valor

Aqui você precisa entender se o que está oferecendo para as pessoas às quais deseja servir tem de fato valor para elas. O problema que você está resolvendo é realmente uma dor latente? Ou seja, as pessoas estão dispostas a pagar, a baixar um aplicativo ou a se deslocar para ter acesso ao que você construiu?

Existem vários problemas que incomodam, mas quando oferecemos uma solução para eles percebemos que o incômodo não é grande o suficiente a ponto de gerar uma ação para resolvê-lo.

O que queremos nessa etapa é entender se o problema é grande o suficiente e também se sua solução é uma alternativa viável aos olhos do consumidor.

Hipótese de crescimento

O objetivo aqui é simplesmente entender se as pessoas que consumiram sua solução estão voltando para consumir mais e, o mais importante, se elas estão indicando, trazendo novos clientes.

É fundamental entender qual é o potencial de crescimento e medir a tração inicial para entender o que devemos fazer desse ponto em diante.

Mas não faça um MVP

Lembra da Isabela? No capítulo 2, contei um pouco sobre como ela criou um dos consultórios de odontologia mais inovadores do Brasil ao focar em atender exclusivamente o público infantil.

Para testar essa ideia, o primeiro passo foi decorar uma sala do consultório para criar um ambiente amigável para as crianças, comprar brinquedos e itens que fariam os minipacientes esquecerem por um instante todo o medo que tinham de ir ao dentista e se verem em um lugar divertido, em que de fato queriam estar. O outro passo para isso foi pensar em como seria a experiência da criança e dos pais.

Desde o momento em que chegavam, não parecia que estavam indo ao dentista. Antes de entrarem na sala, eles brincavam por alguns minutos com a dentista (que usava um jaleco, mas, em vez de ser branco, tinha desenhos e coisas com que as crianças se identificavam).

Ela não se preocupou com agendamento on-line ou automatização, nem mesmo com uma estratégia robusta de marketing digital. Queria receber as crianças e aprender com cada paciente, queria entender como eles se sentiam e como poderia fazer com que aquela experiência fosse a melhor possível.

Esse é um conceito definido como *minimum awesome product*, ou, em português, mínimo produto incrível.

O mínimo produto incrível consiste basicamente em entender qual é sua mágica e focar toda a sua energia em entregar isso.

O mais importante disso tudo é mudar a pergunta de "qual é o mínimo que eu posso fazer para tornar isso viável?" para "qual é o mínimo que eu posso fazer para criar algo incrível?".

O mercado está cada dia mais competitivo e não existe mais lugar para produtos medíocres. É preciso saber qual é seu diferencial, o que você está oferecendo de diferente de tudo o que já existe, e direcionar toda a sua energia para criar essa experiência. E é exatamente por isso que é tão importante desenhar o quadro com a experiência perfeita. Quando olhamos para ele, conseguimos perceber o que é prioridade e o que é secundário.

Saiba qual é seu objetivo

É importante não confundir as coisas.

SERÁ?

Quero que você tenha muita clareza de que o objetivo da etapa de validação não é fazer milhões de vendas, escalar ou ganhar milhões de usuários e de reais. O objetivo dessa etapa é aprender rápido!

Nada vai lhe ensinar mais do que colocar seu produto de fato na mão do usuário final e, nesse momento, é só nisto que você deve pensar: como aprender, evoluir e aperfeiçoar o que você tem em mãos.

Para tanto, algumas coisas são extremamente relevantes.

- Tenha certeza de sempre deixar um meio para o usuário se comunicar com você. Uma maneira ótima e simples de fazer isso é deixando um simples e-mail para contato. Ex.: suporte@suaideia.com.br.
- Mantenha contato frequente com os usuários. Questionários são úteis e devem ser utilizados, mas conversas são meios melhores e mais ricos de se obter feedbacks relevantes e com mais contexto. O segredo aqui é entender quais são as respostas que você busca.
- Métricas quantitativas:
  - Você pode medir o famoso NPS (Net Promoter Score), que é simplesmente pedir ao cliente que avalie, de 0 a 10, qual é a chance de ele recomendar sua empresa para um amigo ou conhecido.
  - Taxas de retenção – Quantos dos seus clientes permanecem comprando de você.
  - Avaliações – Podem ser com estrelas, carinhas felizes ou notas. Mas é importante medir como está sendo a experiência de cada um dos seus usuários.
- Métricas qualitativas
  - Entrevistas com usuários – Pergunte por quê, por quê, por quê... Entenda os motivos pelos quais eles gostam, não gostam ou amam o seu produto. No primeiro momento, aconselho a entrevistar usuários satisfeitos, que estão gostando do seu produto ou serviço, para entender o que você está fazendo de bom.

Voltando ao meu erro

No início do capítulo, falei que iria contar onde foi que nós erramos. Afinal, como uma ideia que parecia prática, que o mercado pedia e que foi aprovada por alguns professores de Stanford falhou?

Fracassamos em levantar as hipóteses de risco do produto. Quando finalmente fomos para o mercado vender o Kast, nos deparamos com uma resistência cultural. As pessoas já usavam o WhatsApp para se comunicar e não estavam dispostas a colaborar para a transição com uma nova plataforma, por mais sentido que isso fizesse para a gestão de conhecimento das empresas. Por isso, os executivos não viram o valor do produto, uma vez que ele não estava sendo utilizado como deveria. Pouco a pouco, percebemos que nossa solução não atendia às necessidades reais do mercado, que na teoria funcionava muito bem, mas na prática não conseguia adesão nas empresas.

Este é um exemplo prático de aplicação daquela frase do Exército canadense: "Entre o mapa e o terreno, fique sempre com o terreno". Então, mesmo que o discurso fosse atraente, que fizesse brilhar o olho de quase todo mundo que escutava e que a ideia parecesse brilhante, a prática e o mercado nos mostravam o contrário. Assim, decidimos matar o projeto, mesmo que um pouco frustrados, porque acreditávamos que aquele produto tinha o potencial de transformar a comunicação corporativa no mundo, mas muito mais sábios e com a certeza de que não cometeríamos aqueles erros novamente.

Contando caso

Nada nessa história de sucesso foi fácil.

A XP Investimentos é hoje a maior corretora de investimentos do Brasil, com mais de 300 bilhões de reais investidos e cerca de 1,3 milhão de clientes ativos. Mas não foi sempre assim.

SERÁ?

Em 2002, Guilherme Benchimol e Marcelo Maisonnave decidiram pedir demissão da corretora em que trabalhavam em Porto Alegre e começar juntos o próprio negócio. A XP começou com pouco: eles alugaram uma sala de 20 metros quadrados e compraram computadores de segunda mão de uma *lan house*.

O início, porém, não parecia um sucesso: Guilherme e Marcelo ficavam encarregados de conseguir clientes para a XP, mas, de cada dez pessoas que visitavam a corretora, apenas uma investia ali, e com valores muito baixos.

O ano de 2002 foi considerado péssimo para o mercado financeiro; a bolsa de valores sofreu várias quedas e o dólar chegou a dobrar de valor. A situação era tão ruim que Guilherme pensou em desistir de tudo e retornar para o Rio de Janeiro, sua cidade natal.

Quando já se preparava para a volta, alguns amigos de Marcelo o procuraram, pedindo que eles ensinassem os princípios para investir. Ele concordou em ajudar e eles marcaram uma reunião para alguns dias depois, à qual vinte pessoas compareceram.

Ele e Marcelo falaram sobre o que sabiam e mostraram na prática como funcionava o mercado de investimentos e como fazer o dinheiro render de forma inteligente. O assunto era tão interessante que a reunião só foi terminar na madrugada e, como consequência, das vinte pessoas que estavam na reunião, dezoito investiram seu dinheiro na XP.

Com isso, eles perceberam uma hipótese de risco que já tinham mapeado, mas com a qual não sabiam lidar: as pessoas não estavam investindo não apenas porque o mercado estava ruim, mas também porque não tinham conhecimento sobre o assunto. Eles sempre souberam disso, mas agora entendiam que precisavam primeiro ensinar as pessoas como investir.

Guilherme e Marcelo compreenderam que, antes de pensar em investir, o brasileiro precisava entender o que era o mercado de ações, e decidiram agir rápido.

Criaram um curso sobre como investir na bolsa de valores, fizeram um anúncio no jornal *Zero Hora* e cobraram um valor de

300 reais por pessoa. O resultado? Trinta pessoas compareceram, gerando imediatamente uma receita de 9 mil para a XP (o que na época fez uma grande diferença), e eles conseguiram o objetivo principal: vários dos participantes do curso se tornaram investidores na empresa. Foi o momento de virada. Entenderam que era mais fácil convencer as pessoas a aprender sobre investimentos, e que investir seria uma consequência desse processo.

A empresa cresceu, se expandiu e se tornou a plataforma de investimentos de maior sucesso no Brasil, com escritórios espalhados por todo o país e que está realmente transformando a maneira como o brasileiro investe.

Empreendedorismo não tem a ver apenas com aproveitar oportunidades de mercado, mas com causar mudança, ser criativo para resolver problemas relevantes e ajudar a melhorar a vida de outras pessoas. A história da XP é um exemplo disso, e continuo ansioso para acompanhar os próximos capítulos dessa jornada.

Juntando tudo

- Não ponha a carroça na frente dos bois. Muitas pessoas pulam a etapa de validação e vão da ideia e articulação do propósito direto para o modelo de negócios e construção do produto, o que pode levar a grandes prejuízos e à perda de um tempo precioso se você quer realmente construir algo de valor. Valide todos os elementos possíveis da sua ideia: o problema, o mercado, o cliente e a solução.
- Falhe rápido e aprenda mais rápido ainda. Converse com o maior número possível de pessoas qualificadas para avaliar sua ideia e colher feedbacks e ideias relevantes para a construção do seu produto.
- Saiba mais sobre seu mercado e seu cliente que qualquer um. Se você não estudar a fundo esses elementos, outra pessoa vai

fazer e vai tirá-lo dos negócios. O sucesso de um produto é diretamente relacionado à capacidade do empreendedor de entender esses dois fatores melhor que qualquer um.

- Desenhe a experiência perfeita. É imprescindível que você faça o exercício de criar, em um quadro de visualização, uma folha ou mesmo na sua cabeça, como seria a experiência perfeita de um cliente que experimenta seu produto e a transformação que ele oferece. Isso vai dar o direcionamento necessário e vai guiar as decisões para o desenvolvimento do seu produto. Além do mais, uma vez que fizer isso, você pode começar a pensar em escalar e ganhar novos mercados.

- Transforme sua ideia em algo palpável. Por mais que as pessoas queiram ajudar e dar feedbacks relevantes para o sucesso da sua ideia, isso é impossível se tudo o que você apresentar para elas forem palavras e a concepção mental do que vai ser o produto. Faça um protótipo, uma versão simplificada, um PowerPoint, uma amostra ou qualquer coisa que possa transformar a ideia em algo tangível.

- Não pense no seu mínimo produto viável, mas sim no seu mínimo produto incrível! Retire o que não é importante para gerar a experiência e a transformação que você quer oferecer. Invista toda a sua energia nas poucas coisas que representam o diferencial do seu produto.

- Não fique confuso: seu objetivo na etapa de validação é aprender, colher feedbacks em tempo real e decidir se você continua no caminho em que está ou se ajusta a rota. Para isso, mantenha contato constante com os primeiros clientes e sempre dê a eles um caminho fácil para falar com você.

Desafio

Regra dos 10 + 10

Talvez você não tenha milhões de seguidores nem verba ilimitada para alcançar um grande público. Mas eu tenho certeza de que você conhece dez pessoas!

Então, quero propor um desafio de duas partes:

Distribua seu produto, faça o serviço ou sua apresentação para dez pessoas do seu ciclo de amigos e familiares. Peça feedbacks sinceros, escute e aprimore o que você tem a oferecer. Escreva as três principais lições que tirou dessas conversas e percepções.

SERÁ?

Venda sua ideia para dez pessoas de fora do seu ciclo. O desafio é ganhar a atenção dessas pessoas, vender seu produto ou serviço e colher o maior número de feedbacks que puder. Escreva as três principais lições que você tirou dessas conversas e percepções.

CAPÍTULO 6

A CONSTRUÇÃO

> "Nenhum truque, ideia brilhante de marketing ou time de vendas podem salvá-lo a longo prazo se você não construir um ótimo produto."
>
> **Paul Graham**

Construção do produto

> "Faça algo de que alguém específico precisa, lance rápido, deixe que seus clientes mostrem o que precisa ser ajustado, ajuste, repita os últimos dois."

Anualmente, é divulgada a lista das maiores empresas e as marcas mais valiosas do mundo. Essa lista é muito aguardada por quem atua no mercado de investimentos e ações e também por empreendedores que estão sempre buscando entender quais são as organizações que tiveram maior sucesso e o que elas estão fazendo de certo.

A coisa mais interessante é que uma análise dessa lista mostra claramente o tamanho da mudança que estamos vivendo. Quando comparamos a lista divulgada sessenta anos atrás com a de 2018, podemos observar que 88% das empresas que figuravam entre as maiores empresas do mundo já não existem mais. Pense sobre isso: a cada dez das maiores empresas do mundo naquela época, praticamente nove deixaram de existir.

Outra observação interessante divulgada pela consultoria McKinsey é que em 1955 o tempo médio que empresas permaneciam na lista era de sessenta anos, na década de 1980 esse tempo caiu para trinta anos, e atualmente é de apenas quinze anos. Ou seja, os mercados estão mudando cada vez mais rápido e a concorrência está crescendo a cada dia.

AS EMPRESAS MAIS VALIOSAS DO MUNDO*

1. Amazon: 315,5 bilhões de dólares
2. Apple: 309,5 bilhões de dólares
3. Google: 309 bilhões de dólares
4. Microsoft: 251,2 bilhões de dólares
5. Visa: 177,9 bilhões de dólares
6. Facebook: 159 bilhões de dólares
7. Alibaba: 131,2 bilhões de dólares
8. Tencent: 130,9 bilhões de dólares
9. McDonald's: 130,4 bilhões de dólares
10. AT&T: 108,4 bilhões de dólares

* Fonte: brandZ.

Com todas essas mudanças, a abordagem para a construção de um produto também precisa estar de acordo com o contexto de um mundo tão dinâmico.

Quando olhamos para essa lista hoje, percebemos que cinco entre as seis marcas mais valiosas do mundo são de tecnologia. Trata-se de um dado impressionante e que deve no mínimo levantar perguntas como: o que esse mercado tem de diferente? E o que essas empresas estão fazendo certo?

O mercado de tecnologia exige uma adaptação muito rápida. Nele, nada está acabado, porque as ferramentas evoluem, os recursos mudam e isso naturalmente obriga as empresas a se adaptar rápido. Quando vemos o iPhone hoje, ficamos tentados a exaltar como Steve Jobs foi um gênio visionário que vislumbrou um futuro e mudou o mundo. Não que ele não tenha feito isso, mas eu o desafio a dar uma olhada na primeira versão do iPhone. O aparelho não tinha recursos

A CONSTRUÇÃO

básicos como 3 G, que já era padrão na época, não era possível baixar nenhum aplicativo nele e as funcionalidades eram extremamente limitadas. Ano a ano, o iPhone foi evoluindo até se tornar o que conhecemos hoje, que é inegavelmente excelente quando analisamos tudo o que ele nos possibilita fazer.

Isso, porém, não aconteceu de uma hora para outra, e a verdade é que, se a Apple tivesse ficado satisfeita com a primeira versão do iPhone em vez de evoluir o produto constantemente por mais de dez anos, provavelmente não teria sido a primeira empresa na história a alcançar o valor de mercado de 1 trilhão de dólares. Não estou sugerindo que sua empresa deva chegar a esse tamanho, que não é um dos meus objetivos nem para as minhas. No entanto, é importante se perguntar o que podemos aprender com o sucesso de uma das marcas mais valiosas do mundo e com o olhar deles para os seus produtos.

> "O maior risco é não correr nenhum risco. Em um mundo que está mudando rapidamente, a única estratégia que certamente vai falhar é não correr riscos."
>
> **Mark Zuckerberg**

O próximo passo

Uma vez que sua solução foi validada e você agora já sabe que existe uma necessidade no mercado e que é capaz de atender certo nicho, está na hora de construir o seu produto.

A função do seu "mínimo produto incrível" era basicamente testar as suas hipóteses, mas é quase impossível ter sucesso vendendo esse produto para sempre. Em algum momento, você vai precisar pegar tudo o que aprendeu, todos os feedbacks e observações relevantes feitas durante a primeira fase e envelopar a sua solução em um pacote completo.

Isso é muito diferente para cada negócio e cada mercado, mas acredito que quatro princípios que aprendi durante os anos empreendendo podem ser válidos para todos. São eles:

- Atenção aos detalhes.
- Contato constante com o cliente.
- Reavaliação e melhoria.
- Saber medir o sucesso.

Cada um desses pontos é crucial para a criação de um produto ou serviço de sucesso, e a prioridade de cada um deles é a mesma. Um dos aprendizados mais importantes que tive nessa fase é que não dá para ter um sem o outro, não se pode prestar mais atenção nos detalhes sem reavaliar e tentar melhorar constantemente o que você já possui ou sem saber como está o sucesso da sua solução, para você e para seus clientes.

Atenção aos detalhes: Cada ponto da experiência importa

> "Seus clientes mais insatisfeitos são
> a sua maior fonte de aprendizado."
> **Bill Gates**

Uma coisa superimportante de entender é que, quando pensamos em como fazer a transição do "mínimo produto incrível" para o produto completo, é preciso saber mais sobre o cliente do que qualquer um no mercado. Você realmente precisa ter um entendimento profundo de quais são os seus hábitos, seus desejos, seus medos e seus anseios, conhecer suas preferências melhor que eles próprios. Ou você faz isso, ou seu concorrente vai fazer.

Criar uma solução para um problema que você mesmo vive facilita bastante esse processo, uma vez que você é o cliente ideal.

A CONSTRUÇÃO

Mas como esse nem sempre é o caso, o meu conselho é: passe muito tempo na companhia dos seus usuários.

Isso vai servir muito bem nessa fase. No mundo da tecnologia, usamos os termos *user interface* (UI) e *user experience* (UX) para definir os elementos importantes para o usuário de um produto tecnológico. Pense em um produto comum na vida de todos, como o Facebook. A interface é o que você vê: as cores, a distribuição dos textos, dos elementos na página, o posicionamento das fotos, o posicionamento e formato dos botões, basicamente tudo que o usuário pode enxergar e até ouvir quando entra em contato com sua solução.

A experiência do usuário tem a ver com interação, como ele vai de uma página para outra, onde ele clica, a facilidade de encontrar o que quer, a rapidez com que isso acontece. O objetivo é sempre criar uma experiência agradável, simples e fácil que atenda e se possível supere todas as expectativas do cliente.

Apesar de esses serem conceitos usados no mundo da engenharia de software e no desenvolvimento de aplicativos, sempre tento levá-los para analisar qualquer negócio.

Se você quer abrir uma loja de roupas, a interface seria a vitrine, a distribuição das cores, a música que está tocando, a decoração, a roupa dos vendedores e todos os elementos que têm a ver com o que o cliente pode ver e ouvir. Já a experiência seria a distribuição das roupas na loja para que ele possa encontrar com facilidade o que procura, o atendimento, a facilidade na hora de pagar, a conversa boa e a conexão criada com os vendedores, o acompanhamento no pós-venda, com algumas mensagens perguntando se ele gostou da compra ou até o envio de mensagens com novos modelos que recebeu, mesmo depois de algumas semanas ou alguns meses da visita à sua loja.

O importante é que tudo importa na construção de uma marca que os clientes vão amar e promover. É preciso ter atenção máxima aos detalhes e sempre cuidar para que tudo esteja o mais próximo do perfeito quanto possível.

Mas calma... evite a síndrome da perfeição!

> "O objetivo não é ser perfeito,
> é estar constantemente melhorando."
> **Simon Sinek**

Repare como falei que tudo deve estar "o mais próximo do perfeito quanto possível". Sei que devo ter muito cuidado com essas palavras, porque se trata de uma das razões que mais paralisam empreendedores.

Esperar até todos os elementos estarem perfeitos para começar é um esconderijo. Não caia nessa armadilha; a perfeição é subjetiva, você nunca vai alcançá-la, não alimente esperanças.

O perfeito não existe. Empreendedores de sucesso têm a característica de se contentar com o "bom o bastante" no primeiro momento e depois trabalhar duro para identificar pontos de melhoria e ir ajustando o curso ao longo do caminho. Essa é uma realidade da minha profissão e acredito que também valha para a vida. O estado da perfeição é utópico, sempre vamos ter o que melhorar, e o objetivo é identificar suas falhas e seus problemas, e não tolerá-los. Devemos sempre trabalhar para nos aproximar do que consideramos perfeito, mas nunca deixar essa ideia nos paralisar ou nos impedir de dar o próximo passo. É aqui que entra aquele clichê de "feito é melhor que perfeito". Execução é o nome do jogo!

Para pensar grande, é preciso pensar pequeno

Esse conselho soa estranho se você é um empreendedor ambicioso, mas quero a chance de explicar e provar o meu ponto usando minha história e a de alguns dos empreendedores de maior sucesso na nossa era.

Vamos pegar como exemplo o Airbnb, a empresa que está revolucionando o mercado de turismo em todo o mundo e transforman-

A CONSTRUÇÃO

do a maneira como as pessoas viajam e se hospedam. Imaginamos que eles simplesmente tiveram uma ideia brilhante, construíram um produto incrível, os usuários começaram a usar, investidores passaram a atirar dinheiro neles, e milhões de dólares caíram na conta de cada um dos fundadores, certo? Errado!

A história real é um pouco mais complicada que isso.

Depois de cerca de um ano e meio lutando para fazer a ideia decolar, Brian Chesky e Joe Gebbia, fundadores do Airbnb, foram aceitos em um dos programas de aceleração de startups mais prestigiados e famosos do mundo, o Y Combinator. O criador desse programa, Paul Graham, tem a fama de surpreender fundadores de startups com perguntas extremamente simples e óbvias. E foi em uma dessas conversas que o rumo do Airbnb e da vida de Brian e Joe mudou.

Paul: "Onde está o seu negócio?".

Brian: "Como assim?".

Paul: "Onde vocês têm usuários? Onde as pessoas gostam de vocês?".

Brian: "Nós não temos tração atualmente. Algumas pessoas estão usando em Nova York".

Paul: "Então as pessoas que estão usando o serviço de vocês estão em Nova York e vocês moram em Mountainville".

Brian: "Atualmente, sim".

Paul: "Vão para Nova York, conversem com os usuários um a um, perguntem de que eles gostam, mudem-se para lá amanhã".

Brian: "Mas conversar com todos os usuários não é escalável, não dá para fazer isso para sempre!".

Paul: "É exatamente por isso que agora é o momento ideal para fazer. Vocês nunca mais vão ser pequenos o bastante para conhecer pessoalmente todos os seus usuários, saber realmente do que eles gostam e desenvolver coisas exclusivas para eles".

Brian e Joe seguiram à risca o conselho: foram para Nova York e bateram de porta em porta para conversar sobre o site e o serviço. Um pouco assustador, né? Por isso, tiveram a ideia de oferecer aos usuários um serviço adicional gratuito do Airbnb: fotografias profissionais do apartamento para que conseguissem mais reservas no site.

Como não tinham equipe e muito menos dinheiro para contratar um fotógrafo profissional, os próprios fundadores faziam as fotos e conversavam com os usuários. Isso permitiu que entendessem profundamente quem eram seus clientes e o que fazer para que eles amassem o produto. Brian costumava falar que, se você comprasse um iPhone, Steve Jobs não ia até a sua casa ajudá-lo na configuração, mas o Airbnb ia.

E isso, no fim das contas, se tornou a arma secreta para desenhar uma experiência de usuário amada por pessoas em todo o planeta e construir uma empresa que hoje é avaliada em mais de 30 bilhões de dólares. Prova de que, para escalar, é preciso fazer coisas que não escalam!

Avaliação e melhoria constantes

Quando eu ainda vendia joguinhos para celular com a Samba Mobile, busquei trazer pessoas fora da curva para que pudéssemos entregar o melhor produto possível. Com o tempo, senti que o mercado começou a ficar mais difícil, estávamos perdendo todo o poder de barganha com os fornecedores e com as empresas de telefonia. Comecei a voltar meus olhos para outros problemas, outros caminhos. Depois de uma palestra na Rede Globo, vi um novo caminho, um novo problema para ser resolvido que ninguém ainda tinha observado.

Era a oportunidade de colocar a minha empresa novamente em um caminho próspero e promissor, mas havia um problema: se fizéssemos isso, mataríamos o negócio que demoramos anos para construir. Foi uma decisão difícil, pelo apego e o carinho por toda a história construída e pela incerteza de começar uma nova jornada. Além de sentir que aquele era o caminho certo no momento certo, a minha decisão de tomar esse risco e pivotar todo o modelo da minha empresa foi

A CONSTRUÇÃO

baseada em um pensamento: melhor eu matar o meu negócio do que outra pessoa fazer isso! Foi assim que nasceu a Samba Tech e, com esse pensamento, conseguimos nos tornar líderes na América Latina e atender aos maiores grupos educacionais do país.

Esse é um exercício que, independentemente dos resultados que meus negócios geram, ainda faço constantemente. E é de imenso valor para qualquer solução darmos um passo para trás de tempos em tempos e nos perguntar: o que poderia matar meu negócio hoje?

Estamos todos em um mercado global e ultracompetitivo, seus concorrentes estão cada dia mais equipados e novos entrantes constantemente transformam todas as indústrias. O maior conselho que posso dar é ver o seu produto como um organismo vivo, nunca acabado e sempre em evolução.

Eu implemento um ciclo de quatro etapas para aperfeiçoar as soluções, os produtos e os serviços de todos os negócios em que me envolvo: análise, ideação, priorização e teste.

- Primeiro analisamos os dados que temos disponíveis, mergulhamos em todas as informações que podem ser relevantes sobre os nossos clientes, o impacto que causamos e como eles usam a solução.
- Depois vamos para uma etapa de ideação, em que olhamos para as análises que fizemos, combinamos essas informações com nosso conhecimento sobre nossos usuários e com os feedbacks qualitativos que eles nos deram, e propomos ideias para melhorias. O truque aqui é deixar a criatividade fluir: não se importe agora se vai ser possível ou fácil implementar cada ideia nova que surgir, apenas anote num quadro ou papel.
- A terceira fase é a de priorização, na qual filtramos todas as ideias concebidas na etapa anterior. Não existe uma regra para a criação desse filtro; os critérios devem fazer sentido para você e para o seu negócio. Eu observo três fatores: facilidade de implementação, impacto e tempo para execução. A partir daí,

priorizamos o que vai ser realizado primeiro, o que vai ficar para depois e o que não vai ser feito por enquanto.
- Por último, colocamos testes para rodar, definimos o que medir e como vamos saber se o teste foi um sucesso ou não, voltamos para a etapa de análise e começamos do começo novamente.

Como eu disse, esse processo não tem fim. Empreender é buscar constantemente resolver problemas, evoluir e aprimorar.

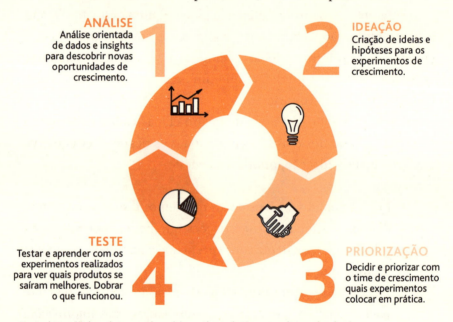

Fonte: https://johnnyhammond.co.uk/growth-marketing-consultancy-london/.

Saiba como e o que medir

Uma das melhores coisas de empreender atualmente é a abundância de informação e de dados aos quais podemos ter acesso. E uma das piores também...

Entre as maiores dificuldades de qualquer empreendedor está saber o que medir, o que é relevante e quais indicadores vão realmen-

"Não há nada mais ineficiente do que fazer de maneira muito eficiente o que nem deveria ser feito."

Peter Drucker

te traduzir e mostrar os resultados e projetar o futuro de um negócio. A solução mais comum para esse problema é medir tudo, construir uma planilha enorme com todos os dados possíveis e deixar lá.

Existem vários problemas com essa maneira de lidar com os dados. E, depois de inúmeras dores de cabeça quando o assunto era como medir o sucesso, criei a regra da simplicidade. Essa regra nunca me deixou na mão e me mantém focado no que realmente importa.

A ideia principal aqui é que só porque você pode medir alguma coisa não significa que você deva. Os números só são úteis quando ajudam a fazer ajustes e tomar decisões melhores; caso contrário, eles distraem e consomem um tempo precioso que poderia estar sendo usado de maneira estratégica em atividades que vão fazer seu negócio mais próspero, seu produto melhor e os seus usuários mais felizes. Para isso, é preciso saber definir quais são as suas métricas mais importantes.

O que realmente importa

"É impossível melhorar o que você não pode medir."

Peter Drucker

Não se perca com a quantidade de termos, isso na verdade é bem mais simples que parece. KPI é um termo que veio do inglês e significa *key performance indicator*, que nada mais é do que os seus indicadores de sucesso mais importante. Definir seus KPIs é apenas definir o que é mais importante acompanhar no seu negócio para ter certeza de que ele está crescendo.

Para quem está começando, isso pode ser bem complexo, então, para deixar mais fácil, sempre defina seu KPI por um processo de apenas um passo.

Olhe para seu modelo de negócios e responda à pergunta: você vende alguma coisa?

A CONSTRUÇÃO

Existem basicamente duas maneiras de ganhar dinheiro com um negócio: vendas ou publicidade. A primeira implica cobrar um valor do seu cliente final por um produto ou serviço, como a maioria dos negócios que você conhece. A segunda é o modelo Facebook, de conseguir um número de usuários suficientemente grande a ponto de poder rodar anúncios para eles e ganhar dinheiro de anunciantes para colocar uma mensagem na sua plataforma.

Se seu modelo for o primeiro, seu KPI inicial, em 99% dos casos, deve ser faturamento, quanto dinheiro você está fazendo. Mesmo que esse valor seja zero, é preciso adotar uma abordagem de olhar para aquela quantia todos os dias e tentar entender o que você pode fazer para mudar essa realidade.

Já se estiver lidando com o segundo modelo, seu KPI inicial deve ser número de usuários ativos. Simples assim!

É importante que não se faça confusão: definir seu KPI não quer dizer que você não vai medir mais nada; o KPI é a métrica principal, não a única. Depois de definir o KPI, é preciso entender quais são as outras coisas que afetam para melhor ou para pior esse número e começar a medi-las.

Por exemplo, se meu KPI é faturamento e o número atual é zero porque acabei de começar o meu negócio, talvez seja uma boa ideia medir o número de ligações realizadas por dia, de contatos feitos, de reuniões agendadas e de oportunidades de venda criadas. Todos esses são valores que podem afetar diretamente o KPI e fazer com que o negócio decole.

Uma confusão comum

Construir um produto não precisa ser caro; hoje existem diversos recursos que permitem construir um produto de alta qualidade por um preço acessível. Empreender é a arte de usar com inteligência todos os meios disponíveis. Se tem algo que aprendi é que tudo tem solução se nós tivermos dedicação e determinação para fazer acontecer.

Contando caso

Uma ideia que nasceu de um momento de frustração. Meu amigo Max Oliveira me contou a história de quando comprava uma passagem aérea para ir de Vitória, no Espírito Santo, para Belo Horizonte, Minas Gerais, visitar a namorada. Ao finalizar a compra, o site teve um problema, o pagamento não foi realizado e ele precisou recomeçar todo o processo. Como se não bastasse, assim que reiniciou a página, viu que a passagem tinha subido de cem para quinhentos reais. Muita gente já passou por isso, né?!

Ele reparou, porém, que o preço da passagem com milhas não tinha mudado. O único problema era que ele não tinha nenhuma! Pensou em ligar para algum amigo e pedir, mas achou a situação desconfortável. Foi nessa hora que surgiu a ideia de que poderia existir uma plataforma para conectar as pessoas que possuem milhas e estão dispostas a vender para aquelas que precisam viajar.

Inicialmente, ele não acreditava que aquilo poderia ser um negócio, muito menos tinha o desejo de empreender. Max trabalhava como engenheiro de produção e adorava seu emprego, mas por algum motivo aquela ideia não saía da sua cabeça, então ele começou a falar sobre ela com todo mundo que conhecia.

Em cada conversa, ele confirmava suas hipóteses de que a maioria das pessoas não sabia o que fazer com suas milhas nem como funcionava esse sistema. Como não era especialista na área, começou a estudar o assunto e viu que uma quantidade absurda de milhas expirava todo ano. Assim, percebeu que existia de fato um mercado.

No caminho, conheceu os dois sócios que fizeram parte dos primeiros passos da empresa, Conrado Abreu, que cuidava da parte operacional, e Hiran César, responsável pela área de tecnologia.

A CONSTRUÇÃO

Depois de meses trabalhando para construir o produto, em dezembro de 2012 eles se reuniram para finalmente lançar o site que daria vida ao sonho de ajudar as pessoas a viajar mais; esse sempre foi o objetivo principal do fundador e do produto que ele estava criando.

A versão inicial estava longe de ser perfeita. Eles não conseguiram, por exemplo, incluir um sistema automatizado para acompanhar as vendas, já que, para isso, seriam necessários mais alguns meses de desenvolvimento – então, a primeira versão do sistema financeiro da MaxMilhas foi uma planilha de Excel, feita naquela hora para que o produto pudesse ser lançado sem mais atrasos. (O sistema financeiro feito por planilhas durou aproximadamente dois anos, chegando a movimentar milhões de reais.)

Também não possuíam sistema antifraude, uma lição que aprenderam do jeito difícil. Logo no início, foram vítimas de um golpe que acendeu a luz vermelha para a necessidade de aprender e desenvolver um sistema de segurança eficiente para que aquilo não acontecesse novamente.

Ao falar sobre cada um desses fatos e sobre as lições que aprendeu construindo a empresa, Max demonstra o que é de fato uma mentalidade empreendedora: "Quando você está começando, todo o seu foco deve ser em aprender, e não em fazer o produto perfeito. Cada um desses problemas nos mostrou pontos de melhoria no nosso produto e nos fez melhor. Se você tem uma boa ideia, consegue gerar valor para alguém, buscar aprender e desenvolver o seu projeto rapidamente é muito mais importante do que criar um produto perfeito, pois o processo não tem fim".

A MaxMilhas segue transformando a vida de milhares de pessoas e já movimentou mais de 4 bilhões de milhas. Em uma entrevista[13] para a Endeavor, Max disse que o seu desejo é olhar para trás algum

---

13 ENDEAVOR BRASIL. *Day1 Max Oliveira: "Se não existisse impossível, até onde você poderia ir?"*. Disponível em: https://endeavor.org.br/historia-de-empreendedores/day1-max-oliveira/. Acesso em: 4 dez. 2019.

dia e ver claramente que existiu uma era pré e uma pós MaxMilhas no mercado de passagens aéreas. Alguém duvida?

CONFIRA A ENTREVISTA ACESSANDO O QR CODE AO LADO

Juntando tudo

- Seu produto nunca está 100% pronto, é um organismo vivo. O mercado muda cada vez mais rápido e é preciso se manter obcecado pela inovação e por sempre acompanhar as tendências, os hábitos e os costumes dos nossos clientes. Se nos apaixonarmos pelos nossos clientes, e não pelos nossos produtos, vamos sempre encontrar maneiras novas e melhores de resolver problemas relevantes para eles. A primeira versão do seu produto não deve nem pode ser a última.
- Lembre-se dos quatro passos para construir um produto de sucesso:
    º Atenção aos detalhes.
    º Contato constante com o cliente.
    º Reavaliação e melhoria.
    º Saber medir o sucesso.
- Para escalar é preciso fazer coisas que não são escaláveis.
- O desenvolvimento de um produto não tem fim, e o ciclo funciona em quatro etapas: Análise > Ideação > Priorização > Teste.

Empreender é a arte de usar com inteligência todos os meios disponíveis.

CAPÍTULO 7

É HORA DE CRESCER

> "As pessoas não compram produtos e serviços, compram relacionamentos, histórias e mágica."
>
> **Seth Godin**

Simplificando o conceito de crescimento

Existem basicamente três formas de fazer um negócio crescer, não importa a indústria, o segmento ou a oferta.

Conseguir mais clientes/usuários: pense nos aplicativos que usamos no dia a dia e conhecemos tão bem, como iFood ou Uber. Lembra daquela estratégia de dar um bom valor de desconto para quem indica um amigo? É exatamente isso que estão buscando fazer. Esse é um dos objetivos principais também de praticamente todas as campanhas de marketing, comerciais de televisão e estratégias de redes sociais. É aqui que a maioria dos profissionais de marketing passa a maior parte do seu tempo, mas a verdade é que existem outras duas maneiras de fazer um negócio crescer.

Fazer seus clientes gastarem mais: é aquele famoso "Vai querer adicionar batata por mais R$ 0,50?". Empresas inteligentes constroem estratégias para fazer com que seus atuais clientes possam gastar um pouco mais e assim aumentam a sua margem de lucro. Se você não pensa nisso como estratégia de crescimento, comece a pensar nessa alternativa como um caminho promissor.

Fazer seus clientes voltarem mais vezes: voltando aos exemplos do iFood ou Uber, quero que você entenda a razão por trás dos cupons de desconto e tantas mensagens engraçadas avisando sobre promoções.

Recorrência na venda é um dos fatores principais para o crescimento de diversas empresas nos mais variados mercados. É claro que essa estratégia não pode ser adotada em certos produtos, já que algumas coisas só se compram anualmente ou uma vez na vida, mas, sempre que possível, entenda como essa estratégia pode se aplicar no seu produto, seja com cartões de fidelidade, descontos especiais para clientes frequentes, modelos de assinatura ou várias outras ações que podem transformar a realidade de qualquer negócio se forem bem executadas.

Essas três coisas são alcançadas com estratégias eficazes de marketing e vendas.

É hora de contar para o mundo

> "Um bom marketing faz a empresa parecer brilhante;
> um ótimo marketing faz o cliente se sentir brilhante."
> **Joe Chernov**

Não tenho nenhuma dúvida de que entender sobre marketing e vendas e saber fazer de uma maneira efetiva é uma das habilidades essenciais para o sucesso de qualquer empreendimento.

Para colocar de uma forma clara: não adianta passar por todas as etapas anteriores, desenvolver uma ideia, criar um modelo eficaz, validar a solução, construir um produto que realmente tem o potencial de transformar a vida das pessoas se ninguém vai saber a respeito.

É preciso saber como alcançar sua audiência e, mais importante, o que dizer uma vez que você esteja na frente das pessoas às quais quer servir. Muitos negócios falham não por não conseguirem encontrar as pessoas certas, mas por não conseguirem transmitir qual é o valor do que estão oferecendo.

Marketing pode ser resumido em encontrar a combinação perfeita entre a mensagem certa para a pessoa certa no momento certo. E isso é tanto uma ciência quanto arte.

Eu poderia escrever outro livro apenas para tratar desse tema, e a verdade é que não existe um jeito único de fazer marketing nem um jeito único de vender. O que quero compartilhar com você são os pilares daquilo em que acredito e que faço em cada um dos meus negócios, os princípios que usei para tirar cada ideia do chão e transformar meus sonhos em realidade. Não é coisa de outro mundo e qualquer um pode fazer, desde que entenda algumas regras básicas, então vou falar de cada tema separadamente e mostrar como penso sobre os tópicos e algumas ações que vão contra a maioria das coisas que você já ouviu.

Meu único pedido é que você não apenas acredite em mim ou em outros profissionais com ideias contrárias. Quero que você conheça minhas filosofias e teste, veja o que faz sentido e o que funciona para o seu negócio. Esses princípios funcionaram e continuam gerando resultados positivos para minhas empresas e para as organizações de que faço parte como sócio ou conselheiro.

Então, vamos lá.

Para quem eu vou vender

> "Mesmo quando você está fazendo marketing para
> uma multidão, ainda está simplesmente falando
> com uma pessoa de cada vez."
> **Ann Handley**

Antes de criar uma estratégia de conteúdo, qualquer negócio precisa entender para quem quer vender. E, apesar de isso ser coisa muito falada, continuo ouvindo em conversas com novos empreendedores que o produto que estão criando pode ser usado por "todo mundo".

Uma das principais lições que quero deixar neste capítulo é que, se você está criando algo para "todo mundo", não está criando nada de valor para ninguém.

Muitos negócios falham não por não conseguirem encontrar as pessoas certas, mas por não conseguirem transmitir qual é o valor do que estão oferecendo.

É HORA DE CRESCER

É aqui que entra o conceito de persona, um termo muito usado nos negócios (alguns chamam também de avatar, e não tem nada a ver com o filme) que nada mais é do que uma técnica para capturar aprendizados importantes sobre o seu cliente por meio de entrevistas e conversas com usuários e clientes. O desafio é compilar o máximo de informações relevantes sobre a pessoa que realmente precisaria da sua solução e tentar descrevê-la com o maior nível de detalhes possível.

Essa ferramenta foi descrita originalmente pelo autor Alan Cooper no livro *The Inmates are Runing the Asylum*, de 1998. É uma forma muito eficiente para captar e personificar algumas características como comportamentos, atitudes e objetivos. Coisas imprescindíveis para se comunicar de maneira efetiva e criar mensagens que falam diretamente com as necessidades e emoções do seu público.

E é daqui que você deve começar, na minha opinião: entendendo realmente que é impossível falar com todos. Vivemos na era dos micronichos; isso significa que para sobreviver e ter sucesso no mercado de hoje é preciso saber exatamente quem são as pessoas que sofrem com o problema que você está se propondo a resolver; quanto mais específico, melhor.

Essa é basicamente a história de todas as empresas de sucesso. Elas começam focadas em atender à sua persona melhor que qualquer um, e a partir disso podem expandir, começar a atrair e servir outro tipo de cliente.

De meu ponto de vista, o processo de criar um produto e um negócio de sucesso e inovar não tem nada a ver com genialidade. O segredo é se apaixonar pelos seus clientes e não pela sua solução. Dessa maneira, você vai ser capaz de encontrar formas novas e melhores de atender as necessidades dessas pessoas melhor que qualquer outro no mercado.

Criando a sua persona

Você pode estar pensando: "O discurso é muito legal, Gustavo, mas como posso criar minha persona?".

Não existe uma regra para isso. Vou colocar um modelo nos exercícios para que você possa ter o *template* que uso nos meus negócios, mas esse processo pode ser tão simples quanto você possa fazer com um pedaço de papel ou o computador aberto, criando um personagem imaginário ou descrevendo alguém que você conhece e que seria seu cliente perfeito.

Procuro sempre manter o meu foco no que realmente importa, por isso criei um processo de cinco passos para me guiar em qualquer negócio. Ele é replicável, e vou compartilhar com você agora como faço para começar a construção de uma persona.

Cinco passos para construir uma persona

1. Informações demográficas.
2. Objetivos.
3. Desafios e dores.
4. Objeções.
5. Canais de informação.

Começo pelas informações demográficas: coloque as informações mais simples e relevantes, como nome, idade e onde mora. Isso parece bobo, mas imagine-se conversando com uma pessoa de 18 anos que mora no Rio de Janeiro e depois com alguém de 55 que mora no interior de Minas Gerais. Ao pensar nisso, você certamente deve ter imaginado que seu discurso e sua linguagem devem ser ajustados de acordo com o público.

O segundo passo é saber quais são os objetivos dessas pessoas: tente descrever qual é a transformação que elas buscam.

É HORA DE CRESCER

Depois, vamos para os desafios e as dores: procure escrever de maneira bem simples quais são os motivos que fazem com que essas pessoas acordem frustradas. Isso me ajuda a tirar o foco da minha solução e voltar meu pensamento totalmente para o cliente. Você já se perguntou, por exemplo, por que o aplicativo de meditação mais usado no mundo, o Headspace, não baseia sua mensagem na facilidade de ter um programa que ajuda a meditar, mas sim na diminuição da ansiedade, aumento do foco e melhoria da qualidade do sono? Os criadores têm um entendimento profundo sobre quais frustrações as pessoas que baixariam o aplicativo enfrentam no dia a dia e se apresentam brilhantemente como uma alternativa para resolver cada um desses problemas.

O penúltimo passo é entender quais são as possíveis objeções para a compra. Talvez a sua seja preço, localização, frete ou tempo. Esse exercício me ajuda a pensar com a cabeça do meu cliente e, assim, traçar estratégias para minimizar cada uma das objeções listadas.

Por fim, escrevo quais são os canais em que minha persona consome conteúdo. Tento especificar quais são as plataformas de redes sociais, se eles vão a eventos e quais, se consomem revistas, jornais e quem são as personalidades que acompanham e que são capazes de influenciar no processo de tomada de decisão.

Você já viveu a experiência de se deparar com um anúncio, um comercial ou uma imagem e pensar na hora: "Eu preciso disso!"? É exatamente esse sentimento que você quer criar na sua persona.

É importante documentar isso, porém é preciso dizer que também não é algo escrito em pedra. É completamente possível – e já passei por isso várias vezes – que você faça esse exercício e depois perceba que a persona não descreve seus melhores clientes. Se isso acontecer, não tenha medo de alterar, corrigir e criar novas personas. Veja isso também como um organismo vivo, como quase tudo nos negócios. É preciso ter flexibilidade e humildade para fazer esse exercício, e documentar vai ajudar a entender a evolução, seu próprio produto e como as pessoas estão usando e percebendo seu valor.

Depois de entender a fundo com quem você está falando, é preciso entender sobre o que falar. Sempre gostei de abordar esse tema com um ponto de vista de serviço, ou seja, não pensar em mim, na minha ideia ou no meu produto, mas olhar para minha persona e entender do que ela realmente precisa. É por isso que dar um passo para trás e entender mais sobre seu cliente é tão importante: no fim das contas, você se imagina transformando a vida de uma única pessoa.

Princípios de marketing

O que queremos fazer, como eu já disse, é encontrar quem é nosso cliente ideal, articular de forma clara qual é a transformação que estamos oferecendo para a vida dele e qual é o melhor lugar para ganhar a atenção dessas pessoas e fazer com que elas possam dar o próximo passo, seja qual for: comprar seu produto, assinar sua newsletter, seguir sua página ou baixar seu aplicativo.

Vamos falar primeiro sobre como podemos simplificar o marketing. Quando penso sobre o assunto, sempre procuro abordar em duas etapas diferentes: conteúdo e distribuição.

Vou falar de cada uma separadamente, mas primeiro é preciso dar um passo atrás e fazer um exercício que costuma ser negligenciado, mas que é uma das coisas mais importantes que qualquer empresa pode fazer para conseguir sucesso duradouro: construir a persona.

Comece pelas redes sociais

Se eu estivesse escrevendo este livro cinco anos atrás, não tenho dúvida de que minhas palavras seriam diferentes, pois a coisa mais importante naquele momento para uma empresa era ter um site bonito, organizado e que transmitisse credibilidade para a marca. Na minha opinião, essa realidade mudou um pouco.

Não que um site não seja extremamente importante para construção da autoridade e para que você possa gerar novos negócios e ganhar mais a confiança das pessoas que estão considerando utilizar o seu serviço, mas pense em qual foi a última vez que você ouviu falar de alguma nova solução, uma marca interessante e lembre qual foi sua reação imediata para saber mais a respeito. Se você é como 90% das pessoas, abriu seu celular e foi olhar alguma das plataformas de mídia sociais mais populares atualmente.

Por isso que é de extrema importância entender a fundo o comportamento e os hábitos da sua persona. Longe de ser verdade apenas para alguns mercados, isso é válido em qualquer lugar, e o primeiro passo da sua estratégia vai ser determinado unicamente pela sua audiência.

Distribuição e conteúdo

O primeiro passo é olhar para a sua persona e se perguntar: quais são os canais e os lugares aos quais ela dedica atenção?

Esse é outro ponto em que vários empreendedores erram na estratégia, muitas vezes por pensar que é preciso estar em todos os lugares ao mesmo tempo e falar com todo mundo. Isso é muito caro e impossível, então esqueça!

Mas, apesar do que diz o título deste livro, nem tudo é tão simples. É preciso entender que sua persona é uma pessoa real e provavelmente, como você, divide o próprio tempo entre várias plataformas e lugares, não sendo possível encontrá-la em apenas um lugar, uma plataforma ou um evento.

É por isso que a palavra mais usada quando falamos sobre marketing é teste. É literalmente impossível saber exatamente o que vai funcionar antes de testar e analisar os resultados, então o desafio é entender o que compensa ou não fazer quando se está começando.

O seu conteúdo pode ser dividido em duas categorias básicas.

Atração. Esse conteúdo tem o objetivo de gerar valor para sua persona, e as duas coisas que funcionam muito bem para esse fim são informação e entretenimento. Nem sempre é possível fazer os dois, mas qualquer conteúdo que se encaixe em alguma dessas duas caixinhas pode gerar valor. É importante não ser autocentrado e resistir à tentação de falar sobre você, a sua solução ou o seu produto. Eu entendo: quando passamos muito tempo criando algo em que realmente acreditamos, o desejo é falar sobre aquilo sempre, mas para atrair a audiência certa é preciso ter empatia, é necessário entender que as pessoas são bombardeadas com conteúdo por todos os lados. Acredito ser impossível se destacar fazendo o mesmo que todos estão fazendo, então procure entender como você pode entregar informações relevantes ou entretenimento interessante para sua audiência.

Conversão. O maior objetivo aqui é converter alguém que o conhece em cliente. Para isso, existe um pilar que transformou completamente minha carreira; o momento em que entendi esse conceito foi como se tudo de repente fizesse sentido, eu me senti capaz de fazer qualquer coisa. Esse pilar é o entendimento do que realmente vende.

Ninguém compra o seu produto

Uma das maiores lições de marketing que aprendi até hoje é que não é seu produto ou seu serviço que as pessoas compram, mas a transformação que eles geram na vida delas.

Quero que você olhe para o *framework* a seguir e identifique sua persona. Alguém que está insatisfeito com algo, com algum problema, alguma dor que você pode ajudar a resolver. O que essa pessoa quer é sair do estado 1 e ir para o estado 2, e você pode ajudá-la a atingir esse objetivo. Ela ainda não sabe que você existe nem qual é sua solução, mas você é o veículo que vai levá-la de um estado indesejado para onde ela quer chegar.

O trabalho mais importante do marketing é articular essa transformação, colocar em palavras essa mudança e demonstrar qual é o valor real, na sua vida, de sair do estado 1 e ir para o estado 2.

Para isso, é preciso ser extremamente específico e claro na sua mensagem e testar várias abordagens diferentes para entender o que realmente vai gerar identificação na sua persona. Crie o sentimento de que "essa solução pode me ajudar".

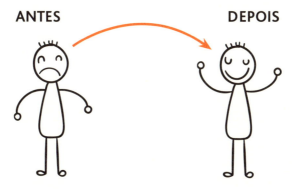

Vi uma vez um dos profissionais de marketing mais respeitados no meio, o CEO e fundador de uma agência de marketing norte-americana chamada Digital Marketer, Ryan Deiss, falar sobre como articular essa mudança. Ele dividiu a transformação gerada em quatro níveis, criando um exercício que pode gerar impactos gigantescos na sua mensagem e na sua argumentação.

Os níveis estão numerados em ordem de efetividade, do menor para o maior:

ESTADO	ANTES	DEPOIS
Ter	Cartão de crédito convencional	Cartão de crédito moderno
Sentir	Refém do sistema	Em controle da sua vida financeira

ESTADO	ANTES	DEPOIS
Dia comum	Você precisa andar até uma unidade do banco, fisicamente ir até um caixa apenas para mudar sua senha ou desbloquear alguma função. Ter de lidar com muita burocracia e pagar taxas abusivas.	Você resolve tudo pelo celular de um jeito rápido e fácil, não paga anuidades nem taxas para transferências. Além disso, seu dinheiro na conta rende mais que a poupança.
Ser	Você é outra pessoa frustrada pelo sistema que se preocupa mais com fazer dinheiro do que com facilitar a sua vida.	Você é parte de um movimento inovador que está lutando para desburocratizar o mundo. Torna-se parte de uma comunidade que tem o "roxinho" e cuja relação com o dinheiro é diferente.

1. TER. Aqui você vai escrever de forma simples o que sua persona terá depois de se tornar seu cliente. Se você vende uma consultoria em algum assunto específico, pode falar que agora ela terá conhecimento e recursos para alcançar seus objetivos e tomar decisões mais assertivas. Essa articulação funciona muito bem, o único problema é que a maioria para aqui. As pessoas sentem que isso funcionou e não descem para os próximos níveis, que costumam gerar mais resultados.

2. SENTIR. É assim que grandes profissionais de marketing fazem mensagens que falam direto com nossas emoções. Criar um anúncio ou uma mensagem assim não precisa ser complexo, pense em qual era o sentimento antes e depois de se tornar seu cliente. Voltando ao exemplo da consultoria, é possível pensar na sua persona angustiada, estressada, cheia de problemas que pareciam impossíveis de ser solucionados, presa em um beco sem saída. O que você oferece é o sentimento de poder, o conhecimento necessário para que ela

É HORA DE CRESCER

sinta que aqueles problemas agora são apenas obstáculos a ser superados.

3. **DIA COMUM.** As histórias são mais poderosas que qualquer coisa para gerar ação e para que as pessoas possam reter informação. Ter algum depoimento de um cliente, contar a história de como seu produto mudou a vida de alguém é muito efetivo. Se ainda não tem, meu conselho é literalmente deixar a criatividade fluir e imaginar a história de alguém que estava enfrentando problemas nos negócios e que conheceu a sua solução. Imagine a transformação ideal e conte essa história.

4. **SER.** O que sua persona vai se tornar depois de utilizar a sua solução. Nem todo produto pode entregar isso, mas as empresas que conseguem fazê-lo de forma eficiente rapidamente se destacam e conquistam o coração dos seus clientes. Exemplos claros disso são a Nike e o Nubank.

A Nike é uma empresa que vende materiais esportivos e você literalmente nunca vai encontrar um comercial da marca que tenta vender um tênis. O que eles fazem é honrar atletas e esportes, para que você se sinta como seu ídolo ou como um dos astros que ela patrocina. Essa estratégia continua gerando frutos para a marca, que faturou 34,5 bilhões de dólares em 2018 – e, mais que isso, possui uma legião de fãs leais em todo o mundo.

O Nubank é um ótimo exemplo de uma *fintech* que veio para desafiar os bancos tradicionais e criou uma marca que faz com que seus usuários se sintam parte de algo maior que si mesmos. Através de uma mensagem clara e de muita coerência nas ações, a empresa não para de crescer e de se tornar mais forte na cultura, já representando o quinto maior banco do Brasil na atualidade. Usei o Nubank como exemplo para que você possa ver na prática como a mensagem se torna mais poderosa à medida que descemos para os outros níveis, como podemos impactar e alcançar mais as pessoas, falar sobre sentimentos, transformações e contar histórias.

Como eu disse, nem sempre vai ser possível entregar status para sua persona, mas existem jeitos simples e inteligentes de pensar sobre isso. No caso da consultoria, por exemplo, a entrega de um certificado instantaneamente transforma seu cliente em especialista no assunto ao final do trabalho. Isso carrega alto valor social e cria o sentimento de transformação: você o ajudou a se tornar um pouco melhor. Não menospreze os símbolos de status e tente entender se é possível aplicar essa ideia no seu negócio.

A lição que quero deixar aqui é que, para criar uma mensagem que se conecta com as pessoas, é preciso saber como articular o valor e a transformação que você pode gerar na vida delas. O foco não é sua ideia, seu produto ou sua marca, é a persona. É como você pode mudar a vida de alguém, resolver um problema relevante, facilitar a rotina, entregar conveniência, conforto, facilidade... São as pessoas.

E as duas palavras mais importantes nesse momento são clareza e especificidade. Quanto mais clara estiver a sua mensagem e mais específica ela for em relação ao problema pelo qual sua persona sofre, mais efetiva ela será.

Contexto importa... muito!

Depois de pensar no seu conteúdo e em como você vai distribuí-lo, é preciso entender a importância do contexto.

Uma coisa que grandes comunicadores entendem e aplicam é que a maneira de se comunicar em um evento é diferente da maneira de se comunicar no Facebook, que é completamente diferente da maneira como você deve se comunicar no LinkedIn ou pelo telefone.

A mensagem pode ser a mesma, o problema também, mas é preciso ser estratégico e entender que a psicologia da pessoa com quem você está conversando é diferente a cada momento. Você provavelmente é diferente quando está saindo no fim de semana com amigos ou quando está em um almoço de domingo em família, e ainda dife-

É HORA DE CRESCER

rente no trabalho. Não negligencie o contexto de cada lugar e faça as adaptações necessárias no seu discurso para que possa transmitir todo o valor que tem a oferecer.

Conquiste sua mínima audiência viável

Esse conceito foi descrito inicialmente pelo escritor Kevin Kelly em um artigo brilhante chamado "1.000 fãs reais". O objetivo do texto é mostrar que todas as empresas que deram certo não começaram grande. Elas começaram atendendo muito bem a um grupo específico de pessoas, conquistando realmente fãs. Não clientes nem apoiadores, mas fãs reais, aqueles que vão falar sobre sua solução para os amigos, mostrar como ela funciona e ser basicamente um promotor da marca.

No artigo, ele diz que é melhor para uma empresa ter mil pessoas que a amam do que 200 mil que a conhecem e simpatizam com a marca. Em tempos em que a palavra mais ouvida no mundo dos negócios é "escala", essa ideia enfrenta grande resistência por parte dos empreendedores, mas, olhando para a história das empresas que conseguiram essa façanha de alcançar escala e construíram negócios duradouros, observamos que para chegar a esse nível é preciso primeiro ter essa base de fãs reais. O número não precisa ser necessariamente mil. A Samba Tech, por exemplo, é uma empresa de SaaS que vende para outras empresas, então precisamos adaptar essa teoria para cada realidade. Mas o ponto principal é que, para alcançar o seu mercado potencial, é preciso primeiro focar as pessoas que precisam de uma solução para determinado problema e estarão dispostas a testar a sua. Conquiste essas pessoas para depois conquistar o mercado.

Nas minhas empresas, sempre procuro usar a estratégia de "pinos de boliche" que descrevi em meu primeiro livro, *Pense simples*. Sempre que queremos entrar em um novo mercado, buscamos a líder daquele mercado para que ela sirva como o primeiro pino de boliche que vai ajudar a derrubar todos os outros.

A parte que não contei naquele livro é que devemos ter certeza de que a nossa solução é ideal para a líder de mercado, que vai gerar valor e realmente resolver o problema. Isso vai nos ajudar a construir uma relação duradoura e a ganhar uma promotora poderosa e influente no mercado.

No primeiro momento, é inviável e uma verdadeira perda de tempo tentar falar com todo mundo, então foque os clientes estratégicos, mantenha um contato próximo e conquiste a confiança de cada um deles. Direcione sua mensagem e suas ações para se comunicar constantemente com essas pessoas, e você estará no caminho do sucesso. Esse é um dos investimentos que vai proporcionar o maior retorno ao longo do tempo.

Para conquistar sua mínima audiência viável, é ideal que você consiga gerar valor para as pessoas antes de pedir que confiem em você.

Falar para sua persona que você pode ajudá-la a conseguir os resultados que ela quer pode ser muito bom. Ter outras pessoas contando para ela que tiveram resultados positivos com você e que ela também pode conquistar seus objetivos é ainda melhor. Mas nada se compara a mostrar que você pode ajudar sua persona a realmente atingir uma pequena vitória.

A confiança deve ser conquistada, e não existe jeito melhor de fazer isso do que gerando resultados. Voltando para o exemplo da consultoria, se sua especialidade for em vendas, ofereça algumas dicas de muito valor que vão ajudar a persona a perceber resultados rápidos. Mostre como os processos podem ser melhores e mais eficientes. Quando ela souber que você realmente é capaz de ajudá-la a chegar ao destino desejado, você vai ganhar um novo cliente.

Vendas

> "Aborde cada cliente com o desejo de ajudá-lo ou ajudá-la a resolver um problema ou conquistar um objetivo, não para vender um produto ou um serviço."
>
> **Brian Tracy**

Pare de se preocupar com um funil de vendas e comece a prestar atenção na jornada do seu cliente!

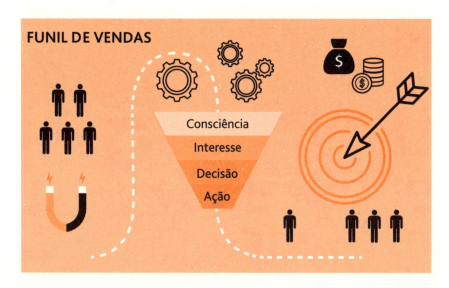

Fonte: https://www.entrepreneur.com/article/296526.

Isso que você está vendo acima é um funil de vendas convencional.

Essa é a abordagem mais comum entre profissionais de venda, que divide o processo de compra em quatro etapas, conhecidas como AIDA: atração, interesse, desejo e ação.

Esse método foi desenvolvido em 1898 pelo publicitário norte-americano Elias St. Elmo Lewis e descreveu muito bem como funcionava a trajetória do cliente para fazer uma compra na era pré-internet.

Não que ele não descreva mais: ainda existe muito valor nesse modelo, e grandes negócios são construídos seguindo essa lógica. Mas ela não conta toda a história, não hoje, com os diversos canais e pontos de contato que podemos ter com o nosso cliente. As vendas já não são mais tão diretas e o fato é que você vai precisar de um processo mais eficiente se quiser construir um negócio de sucesso.

Por alguns anos, busquei essa resposta, uma lógica ou uma metodologia que fosse mais adequada aos dias de hoje. Finalmente encontrei quando me deparei com a metodologia de mapear a jornada do cliente.

Nada se compara a mostrar que você pode ajudar sua persona a realmente atingir uma pequena vitória.

O processo não é complexo e ajuda a ter uma ideia de tudo o que acontece para que alguém conheça sua marca, tenha contato com seu conteúdo, descubra qual é o valor da sua solução, ganhe confiança de que você realmente pode cumprir as promessas que fez, se torne cliente e, por fim, fã da sua marca (que deve ser sempre o seu maior objetivo).

A seguir está um modelo de como mapear a jornada do cliente, idêntico ao que uso na Samba e nas minhas outras empresas.

Fonte: https://medium.com/@azviss4/customer-journey-mapping-in-7-bookmarks-d116da67a0c2.

Quatro regras e uma lei para vender

Depois de mapear toda a jornada do seu cliente, entender onde você pode melhorar e traçar estratégias de como fazê-lo, quero deixar quatro regras básicas para se dar bem nas vendas.

Regra nº 1. Crie coisas que as pessoas realmente querem e das quais elas precisam: já vi muitos negócios reclamando que as vendas não estão acontecendo, quando na verdade o problema está no produto, que não gera valor e não entrega o que promete. Um marketing bem-feito para um produto ruim só vai acelerar a queda.

Regra nº 2. Você não tem um problema de vendas, o que você tem é um problema de oferta: é importante entender que mesmo as

GUSTAVO CAETANO E ARTHUR PELEGRINO

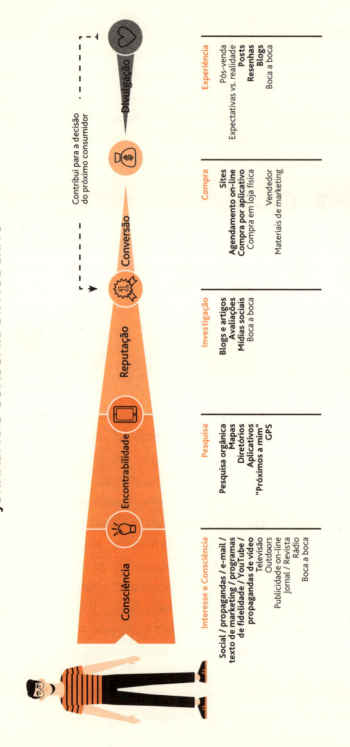

Fonte: https://www.vendasta.com/blog/following-modern-customer-journey.

pessoas que possuem perfil inovador e visionário muitas vezes são céticas para novas soluções, porque provavelmente já tiveram sua confiança traída por outro produto e outras empresas que fizeram promessas que não cumpriram. A desconfiança no mercado nunca esteve tão alta, e, em vez de reclamar dessa realidade, nosso trabalho é pensar em como vencer essa barreira que existe, quer gostemos ou não. A maneira que encontrei para vencer objeções é criando ofertas irresistíveis. Aquele tipo de oferta que sua persona vai sentir que não existe praticamente nenhum risco em experimentar.

Regra nº 3. Descubra como minimizar riscos. Se a principal objeção for financeira, é possível criar uma oferta inicial para quem ainda não conhece sua solução poder experimentar com um superdesconto. Se forem outras objeções, cabe à empresa pensar em transmitir a percepção clara de que não existe risco em testar, ou que ao menos os riscos são extremamente baixos em relação ao resultados.

Regra nº 4. Existem vários roteiros de vendas e a imagem passada de um bom vendedor é a da pessoa que está sempre falando, que se comunica como ninguém, e é claro que essa qualidade tem uma relação direta com a capacidade de vender muito. Mas os melhores vendedores que conheço possuem uma característica ainda mais marcante: são grandes ouvintes, capazes de realmente escutar e entender qual é o contexto do seu cliente e eles se importam. Quando comecei, acreditava que isso era apenas um discurso, mas hoje vejo como as pessoas percebem quando um vendedor genuinamente se importa em ajudar o cliente e não apenas em fazer a venda. Se você for esse tipo de vendedor, os resultados falarão por si.

Para mim, a principal lei para vender mais e vender bem é direcionar toda sua energia e esforço para fazer um produto que as pessoas realmente queiram. Simples assim!

Contando caso

Os três valores inegociáveis do Zé, fundador da cervejaria Wäls, são saúde, alegria e trabalho duro.

Esses foram os pilares para essa história de sucesso e, quando olhamos para a história de vida desse que é um dos maiores empreendedores do Brasil, também mineirinho, podemos entender que não é preciso complicar demais para ter sucesso, é só acreditar e executar da melhor maneira possível.

Quando conversamos sobre tudo o que ele já conquistou, ele sempre afirma que já errou muito mais do que acertou, mas empreendedorismo é assim: é impossível acertar sempre, e você só precisa estar certo uma vez para ter uma vida completamente diferente. Vamos começar do início.

José Felipe Carneiro, como muitos brasileiros, tem o exemplo do trabalho duro em casa desde cedo. Vem de uma família humilde e ainda se lembra dos seus primeiros anos, durante os quais sua mãe batia de porta em porta com uma sacola de roupas para vender em uma mão e ele, ainda bebê, na outra.

Com muita luta, seus pais abriram uma rede de *fast-food* chamada Bang Bang Burger. O crescimento foi tão rápido quanto a queda e, depois de uma sucessão de acontecimentos, a família se viu sem esperanças de continuar com o negócio.

Zé e seu irmão Tiago precisavam começar do zero e, dessa vez, com o futuro da família em jogo, decidiram fazer uma aposta. Em 1999, o Bang Bang decidiu produzir a própria cerveja, chamada Wäls, para vender nos restaurantes, mas, com o principal negócio da família enfrentando sérias dificuldades e risco de falência, os irmãos resolveram transformar o modelo da cervejaria e começar a vender a bebida engarrafada.

Essa operação começou em 2006, e inicialmente os resultados não foram os esperados. Eles entenderam logo que seria impossível competir com as cervejarias já estabelecidas no mercado, pois estavam perdendo, e perceberam que essa era uma guerra que não podiam vencer.

É HORA DE CRESCER

Desistir para eles não era uma opção, então a alternativa passou a ser ir na contramão do mercado. Começaram a investir no segmento superpremium de cervejas, com garrafas que pareciam de champanhe, e apostando no sabor e na qualidade do produto.

Ninguém acreditou que aquilo poderia dar certo, pois o mercado já era dominado por algumas grandes marcas, e o preço da Wäls era mais alto que o da maioria das cervejas nacionais. Mas José e Tiago entendiam que havia um mercado não explorado, negligenciado pelas grandes marcas que queriam vender para as massas, e então começaram a trabalhar.

No primeiro momento foram atrás de um público culturalmente evoluído, geralmente pessoas que já haviam viajado para fora do país, e lhes apresentaram seu produto. A resposta começou a ser muito positiva, mais pessoas descobriam e falavam sobre as cervejas da Wäls todos os dias, pontos de venda queriam colocar a marca, e o segmento de cerveja premium ganhou muita força no Brasil.

Em apenas sete anos, eles tinham transformado a Wäls em uma empresa inovadora que colecionava prêmios internacionais e faturava cerca de 9 milhões de reais. Isso chamou a atenção do maior grupo do mercado e em 2015 a Wäls foi oficialmente vendida para a Ambev.

Zé e Tiago passaram a fazer parte do time de inovação dentro da gigante Ambev e partiram para um novo desafio, a K-Happy Kombucha. Trata-se de uma bebida probiótica natural que já se tornou líder do segmento na América Latina e está presente em várias cidades do Brasil.

Mas, quando pergunto para o Zé qual é o segredo dessa consistência, ele atribui ao seu modelo simples, objetivo e eficiente de marketing e vendas. Um modelo que foi criado para o varejo, mas que, quando analisado de perto, pode ser útil para praticamente qualquer negócio.

O nome dele é VREPD: visitação, reposição, exposição, precificação e demonstração.

O primeiro passo é visitar os locais em que seus produtos serão vendidos e fazer uma análise inteligente e estratégica para entender se o público daquele lugar é adequado e pode se beneficiar do valor que seu produto tem para oferecer. Isso pode ser útil para quem vende com *e-commerce*, avaliando todos os elementos de um site, ou para quem expõe seus produtos em algum evento ou tem parceiros de vendas.

O passo da reposição tem o objetivo de se certificar de que seu produto sempre estará disponível para os clientes, o que possibilita a criação de um hábito de compra. Isso pode se traduzir para qualquer outro negócio como os gatilhos mentais que você usa para fazer com que o seu cliente se lembre de você de maneira consistente.

A exposição busca entender onde está seu produto, se está visível aos olhos do consumidor, se chama atenção ou se está escondido em algum lugar – o objetivo é sempre ser visto para ser lembrado.

A precificação é tão delicada quanto importante, varia muito para todos os negócios, mas o mais importante, segundo Zé, é ter certeza de que seus clientes possam sentir que estão ganhando mais em valor do que estão pagando. E o valor que seu produto entrega pode assumir várias formas, funcionalidades, emoção, status, conexão... O importante é saber qual a transformação que você gera e entender qual é o preço que vai despertar esse sentimento.

O último passo é a demonstração. Essa etapa significa realmente mostrar o valor do seu produto, entregando-o para algumas pessoas-chave e deixando que a qualidade fale por si. Essa etapa é importante para que você ganhe promotores da marca. Uma das lições mais poderosas nas histórias tanto da Wäls quanto da K-Happy é que as campanhas de divulgação foram baseadas em pessoas reais falando dos produtos. Segundo Zé, qualquer um pode ser um influenciador, e o mais importante para sempre lembrar é que pessoas felizes são as que realmente influenciam as outras.

Estratégias de marketing e vendas simples e eficientes estiveram no coração de todo o sucesso das empresas fundadas e lideradas por Zé e seu irmão Tiago, e esses mesmos métodos podem representar os princípios pelos quais você vai começar a pensar para que possa suas próprias, testar coisas diferentes e descobrir o que funciona para o seu produto e no seu mercado.

CONFIRA A ENTREVISTA
ACESSANDO O **QR CODE**
AO LADO

Juntando tudo

- Existem basicamente três formas para um negócio crescer:
  - Conseguir mais clientes.
  - Fazer com que seus clientes gastem mais.
  - Fazer com que seus clientes comprem mais vezes.
- Não é preciso escolher entre uma das três; os negócios mais saudáveis são capazes de fazer estratégias inteligentes para todas simultaneamente.
- Não adianta fazer um produto transformador e que pode fazer a diferença na vida das pessoas se ninguém souber sobre ele.
- O primeiro passo é encontrar e definir quem é a sua persona (também chamada de avatar ou seu cliente ideal – ICP). Nessa etapa, precisamos buscar um alto nível de especificidade, descrevendo com detalhes quem é a pessoa que queremos transformar. Esse exercício vai ajudar na hora de construir a sua mensagem, uma vez que o desafio do marketing é encontrar a mensagem certa para a pessoa certa na hora certa.
- Comece pelas redes sociais nas quais você pode ter feedback praticamente instantâneo da sua audiência, testar as coisas com muita velocidade e fazer pesquisas inteligentes e eficazes.
- Pense no seu conteúdo de duas maneiras: conteúdo para atração e conteúdo para vendas. Eles devem ser idealizados e executados de maneiras totalmente diferentes. Quando você se propõe a gerar valor para uma audiência, faça isso sem pedir nada em troca e, quando estiver fazendo um pedido ou um chamado para ação, seja direto e claro.

- Entenda que ninguém compra produtos ou serviços, e sim transformação. Por isso, é importante entender como articular qual é a transformação que você deseja criar na vida das pessoas. Para tanto, pode ser importante usar o *framework* com os quatro níveis para comunicar o antes e o depois do seu cliente:
  - Ter.
  - Sentir.
  - Dia comum.
  - Ser.
- Lembre que é muito caro e impossível falar com todo mundo. Por isso, a alternativa é encontrar sua mínima audiência viável. Um grupo de pessoas específico que pode amar sua ideia, que está sofrendo com o problema que você soluciona ou que está buscando a evolução que você oferece. O primeiro passo deve ser conquistar essas pessoas, para depois pensar em ampliar o seu mercado.
- Pare de pensar no seu funil de vendas e comece a desenhar a jornada do seu cliente, que vai contar mais profundamente a história entre ele e a experiência que ele teve interagindo com sua marca e consumindo seus produtos. Você vai poder entender melhor cada ponto de contato, identificar quais são os pontos de melhora e direcionar ações mais eficazes para melhorar.
- Para vender, lembre-se das quatro regras e da lei de ouro:
  - Regra nº 1: Certifique-se de que o seu produto realmente tem a qualidade e corresponde às expectativas criadas pelos seus clientes.
  - Regra nº 2: Crie uma oferta irresistível. Muitos negócios não têm um problema de vendas, mas sim de oferta.
  - Regra nº 3 – Minimize riscos para o seu cliente.
  - Regra nº 4 – Ouça antes de falar.
  - Lei de ouro: Direcione toda sua energia e seu foco para construir um produto que as pessoas realmente queiram.

É HORA DE CRESCER

EXERCÍCIO

Eu desafio você a criar uma persona específica: o seu cliente ideal!

Você vai construir, baseado na sua experiência, nos seus dados ou na sua imaginação (caso não tenha nenhum dos dois anteriores), quem seria o consumidor perfeito para a sua solução.

CRIE SUA PERSONA		
cole aqui a imagem que representa a pessoa	Objetivos:	Frustrações:
	1	1
	2	2
	3	3
Qual a frase que a representa?	Escreva um breve parágrafo sobre a história da sua persona.	Motivações:
		1
		2
		3
		Marcas que influenciam:
Idade:		
Profissão:		
Estado Civil:		
Onde mora:		
Traços da personalidade:		Canais preferidos:
1		1
2		2
3		3

CAPÍTULO 8
NÃO DÁ PARA IR SOZINHO

um time não é um grupo de pessoas que trabalham juntas; um time é um grupo de pessoas que confiam umas nas outras."

Simon Sinek

Pessoas

"Quando todos estão avançando juntos, o sucesso é apenas uma consequência."

Henry Ford

Uma empresa não é nada mais que um conjunto de pessoas trabalhando juntas por um objetivo. Sempre falo sobre como um dos melhores conselhos que já recebi na vida e que vivo até hoje é que "tubarão nada com tubarão, sardinha nada com sardinha".

Se você quer avançar uma ideia, fazer crescer um negócio ou aprimorar sua solução, a resposta é a mesma: atraia as pessoas certas e invista nelas. Tive a imensa sorte na minha carreira de trabalhar com algumas das pessoas mais brilhantes que já conheci para criar produtos e soluções inovadoras, seja nas salas de aula, seja trabalhando nas minhas empresas.

O valor disso é imensurável, e tenho certeza de que você sabe disso. A pergunta se torna, então: como atrair essas pessoas? Onde posso conhecer os tubarões e, mais importante, como convencê-los a trabalhar na minha ideia?

Nada disso é fácil, mas, mais uma vez, é simples!

Ao longo da minha carreira, tive tempo de aprender e desenvolver estratégias sobre como alcançar esses objetivos, que na minha opinião são a única forma de se construir uma empresa de sucesso.

Atraia pessoas direcionadas pelo propósito

> "Comprometimento individual para um objetivo comum é que faz uma equipe funcionar, uma empresa funcionar, uma sociedade funcionar, a civilização funcionar."
>
> **Vince Lombardi**

Em sua obra *Princípios*, Ray Dalio, fundador do maior fundo de investimentos do mundo, a Bridgewater, fala sobre como a sua missão desde que fundou sua empresa passou a ser construir relações relevantes e fazer trabalho relevante.

Portanto, para contratar, ele não procurava apenas pessoas promissoras que sabiam como fazer o trabalho e tinham habilidades específicas. Buscava uma combinação disso com funcionários que tinham valores alinhados com os seus, uma visão e um desejo de que o trabalho não fosse apenas algo que paga as contas, mas uma atividade onde encontram satisfação e onde se constroem legados.

Esta, para mim, foi uma das maiores e mais importantes lições: só porque você pode contratar alguém baseado nas suas habilidades, não significa que você deva. Encarar uma contratação é como começar um novo relacionamento; você não se baseia apenas em atributos físicos, por exemplo, e, se faz dessa forma, está fazendo errado.

Na Samba temos um processo de contratação mais longo que o normal, que envolve algumas etapas técnicas para medir, em primeiro lugar, se o candidato tem as habilidades necessárias para ter bom desempenho, e uma última etapa que consiste em uma entrevista de cultura. O objetivo dessa entrevista é entender se a cultura organizacional da Samba Tech e os valores da empresa combinam com os

NÃO DÁ PARA IR SOZINHO

valores do candidato. Eles não precisam ser exatamente iguais, mas é preciso haver alinhamento.

O que foi determinado e é seguido à risca é que, não importa quão bom tecnicamente e capaz for o candidato, se ele não compartilhar dos valores da Samba, a contratação não é realizada. Porque entendemos que a pessoa não estará no lugar certo para se desenvolver, e também que uma pessoa desalinhada com o que acreditamos pode prejudicar a cultura que demoramos anos para construir.

Dê a elas aquele algo a mais

Por algum motivo, a cultura da falta de responsabilidade dominou grande parte das empresas e cada vez mais vejo empreendedores reclamando de como as pessoas hoje em dia "não são motivadas". Esses mesmos líderes não sabem responder muito bem quando pergunto o que fazem para manter o time motivado.

A resposta para essa pergunta deve se traduzir em ações que vão além de aumento salarial. O reconhecimento financeiro é extremamente importante, não me entenda mal. Entretanto, as pessoas realmente fora da curva trabalham por um propósito, por um sonho.

Quando comecei vendendo joguinhos de celular, aluguei um escritório em que mal cabiam três mesas. Ficávamos apertados naquela sala enquanto trabalhávamos por um sonho grande. Eu repetia constantemente que nós seríamos a maior empresa de joguinhos da América Latina, mesmo não tendo muitos motivos naquele momento para acreditar que aquilo se tornaria realidade. Se você de fato quer atrair pessoas diferenciadas, é preciso oferecer uma visão tão atraente para o futuro que elas vão querer fazer parte. Mas essa é só a primeira parte; a segunda é dar os passos necessários e fazer progresso na direção da sua visão, para não correr o risco de perder a confiança e o engajamento no trabalho.

Demos cada um desses passos e nos tornamos em menos de dois anos a maior revendedora de jogos para celular da América Latina, atuando em oito países.

A fórmula para atrair pessoas extraordinárias nunca é apenas oferecer mais dinheiro. Isso pode funcionar por um tempo, pois aquelas que vieram apenas por dinheiro algum dia vão sair pelo mesmo motivo. E nessa guerra não vale a pena entrar, porque é basicamente uma corrida para o fundo do poço. A maneira como eu faço é comunicando claramente o meu propósito e reforçando isso em ações diárias, mesmo quando é difícil.

Uma vez que as pessoas tenham entendido por que estão fazendo aquilo, trabalham com mais motivação, sabendo aonde queremos chegar, conscientes de qual é a visão e qual é o sonho. É importante saber empoderar cada um dos seus funcionários para tomar decisões.

Invista nas pessoas – dê poder

> "Treine as pessoas bem o suficiente para que elas possam deixá-lo. Trate-as bem o bastante para que elas não queiram."
>
> **Richard Branson**

Sempre levei todos os meus negócios com a lógica de *"power to the edges"*, que em português significa "poder para as pontas". Na minha vida, provou-se verdadeira a ideia de que, quando as pessoas se sentem parte de algo, elas trabalham com mais determinação. Meu objetivo, depois de engajar as pessoas na causa e ter certeza de que estão alinhadas e querem fazer parte do que eu estou construindo, é mostrar que a verdade é que estamos construindo juntos.

Todos os processos na Samba têm um dono; não importa se você é estagiário ou diretor, sempre vai ter alguma tarefa que é da sua total responsabilidade. Essa estrutura é um dos nossos pilares de cultura e faz parte do que eu acredito sobre liderança. As pessoas devem ser treinadas para tomar decisões. Devem ganhar reconhecimento no caso dos resultados positivos e também devem ser responsabilizadas caso as coisas não aconteçam como planejado. Não dá para ter um sem o outro.

E é claro que, para que esse sistema funcione, é preciso investimento na capacitação dos colaboradores. É preciso entender que a cobrança deve ser equilibrada com o treinamento oferecido para que essa pessoa se desenvolva e exerça sua função da melhor forma possível.

Investir nos seus colaboradores para que se tornem melhores e adquiram habilidades para se diferenciar no mercado é o melhor investimento que você pode fazer para construir um negócio de sucesso.

Contando caso

Essa história não vem do mundo dos negócios, mas seu poder transcende qualquer contexto e é um dos maiores exemplos da capacidade e do poder do ser humano.

O irlandês Ernest Shackleton, nascido em 1874, já era um herói nacional pelo sucesso de suas expedições quando decidiu explorar um dos locais mais inabitáveis do planeta, naquela época conhecido por muitos como o fim do mundo, a Antártica.

Selecionou a dedo 27 pessoas para acompanhá-lo na expedição. A tripulação incluía marinheiros, oficiais e cientistas, todos com o objetivo de desbravar um dos locais mais perigosos do mundo e escrever seus nomes na história.

No dia 5 de dezembro de 1914, o navio *Endurance* (que em português significa perseverança e veio do lema da família de Shackleton: "Com perseverança, conquistaremos") se lançava ao mar para uma das expedições mais perigosas já realizadas até aquele momento na história da humanidade.

Já no segundo dia, eles viram sinais de que o clima seria pior que o esperado, com rajadas de vento, temperaturas muito baixas e icebergs gigantescos. Até que, seis semanas após a partida, o *Endurance* se viu preso no gelo, sem possibilidades de continuar a viagem ou de retornar para a costa.

Os homens tentaram quebrar o gelo para continuar a viagem, mas não tiveram sucesso; a camada já era grossa demais e o frio continuava a ficar mais intenso. Em uma das inúmeras demonstrações da sua liderança única, Shackleton não mostrou nenhum sinal de desapontamento, apenas disse para seus homens que passariam o inverno ali e que na primavera, quando o gelo começasse a derreter, seguiriam viagem. O otimismo e a ambição de Shackleton eram duas das suas características mais marcantes.

Segundo seus homens, a rotina que criaram no navio preso se tornou agradável; os homens se ocupavam com jogos e cantorias e todos eram tratados bem e de forma igualitária pelo líder. A confiança no chefe era inquestionável, mas estava prestes a ser testada por uma tragédia.

Contrariando as previsões do "chefe", como era chamado por seus homens, com a chegada da primavera, o derretimento do gelo não estava

NÃO DÁ PARA IR SOZINHO

liberando o navio, mas sim o esmagando. Quebrando as suas estruturas e deixando o *Endurance* danificado demais para continuar navegando. Nessas condições, 326 dias depois de partir, Shackleton deu a ordem de abandonar navio. A partir daquele momento os homens teriam que acampar no gelo, e a esperança começava a se abalar.

Segundo relatos, apesar de esse acontecimento ter sido um marco para todos os homens que faziam parte da tripulação do *Endurance*, a autoridade e o otimismo de Shackleton continuaram inabaláveis. Ele não era homem de se preocupar com o que havia acontecido, o passado deveria ficar no passado e fornecer as lições para que nós possamos olhar para o futuro: era assim que o chefe via o mundo. Ele criou um novo objetivo: salvar todas as vidas.

O que restava para aqueles homens era esperar que o bloco de gelo que fizeram de acampamento se aproximasse da terra firme para que pudessem jogar seus botes e se salvar. Os dias viraram semanas, meses, e a tripulação de Shackleton ficou presa no mar até 1917, ou seja, por quase três anos. Apesar dos inúmeros desafios, do frio congelante, do racionamento de comida e água, da falta de esperança e da incerteza, não houve nenhuma rebelião durante esse tempo, todos permaneceram juntos e o que transforma essa história em uma grande lição é que, mesmo com tudo isso, nenhuma vida foi perdida. Shackleton conquistou seu maior objetivo e conseguiu salvar todos os seus homens.

O que fez a diferença para que todos voltassem para as suas famílias?

É claro que não existe apenas uma resposta para essa pergunta. A liderança de Ernest Shackleton claramente desempenhou um papel importante na história, mas quero chamar a atenção para outro fator que é muitas vezes ignorado: a tripulação. Cada um dos tripulantes do *Endurance* foi leal à liderança e passou por momentos mais difíceis do que podemos imaginar, enfrentando temperaturas congelantes e racionamento de água doce, sem saber se voltariam para suas famílias e, mesmo com todas essas adversidades, continuaram trabalhando juntos para atingir o objetivo maior de sobreviver.

Não são raras as histórias de situações semelhantes em que acontecem rebeliões contra a autoridade, motins e brigas que têm consequências graves e ameaçam seriamente a vida de várias pessoas. Em situações tão extremas, qualquer erro ou desequilíbrio emocional pode ser fatal.

Por um bom tempo, pensei em como Shackleton encontrou aqueles homens, como foi feita a seleção, pois eu acreditava que não era possível que isso tivesse acontecido por sorte ou pelo acaso. Até que, um dia, vi o anúncio que foi colocado no jornal da época para encontrar candidatos para essa expedição, e então tudo passou a fazer sentido e sempre levo isso como uma lição para os negócios e para a vida.

MEN WANTED

for hazardous journay, small wages, bitter cold, long months of complete darkness, constant danger, safe return doubtful, honor and recognition in case of success.
Ernest Shackleton   4 Burlingon st.

"PROCURAM-SE HOMENS
para uma viagem perigosa, pequenos salários, frio intenso, longos meses de completa escuridão, constante perigo, retorno seguro duvidoso, honra e reconhecimento em caso de sucesso."

Todos os tripulantes do *Endurance* sabiam exatamente para que estavam se candidatando desde o primeiro momento. Shackleton descreveu de forma objetiva e clara todas as adversidades e os riscos que os tripulantes enfrentariam e, fazendo isso, atraiu as pessoas que buscavam esse tipo de aventura, que tinham algo a provar ou nada a perder.

O mais curioso é que mais de 5 mil homens se candidataram para fazer parte do *Endurance* e Shackleton escolheu a dedo quem iria embarcar.

Em um mundo em que várias empresas tentam atrair pessoas fazendo promessas que não conseguem cumprir, buscam passar uma

NÃO DÁ PARA IR SOZINHO

imagem que não é real, quem tem uma grande chance de largar na frente é quem expõe as suas adversidades e faz um discurso claro e sincero sobre o trabalho e o tipo de pessoa que procura. Fazendo isso, podemos atrair as pessoas certas, que virão em busca do desafio e podemos ser coerentes com as promessas feitas.

Apesar de não ter conseguido realizar o seu objetivo inicial de cruzar a Antártica, a expedição *Endurance* é até hoje uma das maiores e mais poderosas histórias sobre liderança e resiliência. Essa história se transformou em um livro chamado *The Endurance* e em um documentário incrível com o mesmo nome.

Juntando tudo

- Uma empresa nada mais é que um grupo de pessoas trabalhando juntas por uma visão.
- Atraia pessoas que trabalhem pelo propósito, e não apenas pelo dinheiro.
- Comunique qual é sua visão, qual é seu sonho grande e, com sorte, esse sonho também se tornará o delas. É importante que você não dê apenas um lugar para as pessoas trabalharem, mas uma razão para que continuem trabalhando duro.
- Dê poder às pontas, invista nas suas pessoas, treine, capacite e deixe que elas tomem decisões e tenham influências nos processos em que estão inseridas.

CAPÍTULO 9

A GRANDE DIFERENÇA

A habilidade mais importante para empreender

Durante muitos anos em minha carreira, eu me fiz uma pergunta: "O que faz um empreendedor de sucesso?".

Eu buscava uma resposta simples, uma característica, um traço de personalidade que pudesse me falar rapidamente se um empreendedor tinha ou não o que é preciso para vencer. Durante muitos anos, falhei em responder a essa pergunta.

Conheci centenas de empreendedores muito bem-sucedidos, e inicialmente pensei que era óbvio o quanto eles tinham carisma e facilidade na comunicação, deviam ser todos ótimos vendedores. Até que comecei a me deparar com pessoas que não tinham nada disso: eram introvertidas, muito tímidas, mas aquilo não as impedia de construir empresas de sucesso.

Depois achei que todos os grandes empreendedores eram extremamente educados e tinham muito conhecimento formal quando começaram. Mas essa teoria caiu muito rápido: antes mesmo de conhecer exemplos próximos, eu lia histórias sobre lendas do mundo dos negócios, como Bill Gates, Steve Jobs e Mark Zuckerberg. Nenhum dos três concluiu sua graduação. Ou a história de Gary Vaynerchuk, empreendedor que já construiu vários negócios multimilionários, investiu em empresas como Facebook, Uber, Twitter, entre várias outras, que era um péssimo aluno na escola, e cursou uma faculdade sem nenhum prestígio nos Estados Unidos. Vários grandes empreendedores não têm nem diploma, como é o caso de um dos meus maiores ídolos e uma das figuras mais conhecidas do mundo empreendedor, o bilionário Richard Branson.

Qual é, então, o segredo?

Bom, depois de muito refletir sobre o assunto e comparar todas as histórias de pessoas que admiro, cheguei à conclusão de que essa característica existe, sim, e se chama resiliência.

Existe algo de especial na relação desses empreendedores com o fracasso. Esse algo especial não é de outro mundo e pode ser aprendido facilmente se você estiver disposto a aprender e quiser realmente começar a pensar diferente.

Ou você ganha ou você aprende

Na cabeça dos empreendedores de sucesso, o fracasso nada mais é do que um aprendizado, parte do processo, informação útil de que aquele caminho não vai te levar aonde você quer chegar.

Isso os faz mais fortes e tira quase todo o medo e a pressão que paralisam a maioria das pessoas ou que fazem com que a grande maioria das que criam coragem para tentar desista no primeiro sinal de fracasso.

Se você quer seguir uma jornada empreendedora na vida, seja abrindo seu próprio negócio, seja empreendendo dentro de uma organização, é preciso entender que falhar faz parte do processo. Não significa que você não é bom o bastante nem que aquilo não é para você. É apenas um feedback, sinal para que você ajuste o curso e prossiga no seu caminho.

"Eu errei mais de 9 mil cestas na minha vida e perdi quase trezentos jogos. Em 26 diferentes finais de partida fui encarregado de arremessar a bola que venceria o jogo… e perdi! A minha história é repleta de falhas e fracassos, e é por isso que eu sou um sucesso."

Michael Jordan

Então tudo bem falhar?

Quando uso frases como "ou você ganha, ou você aprende", costumo escutar essa pergunta. E nada do que falei significa que empreendedores acham que perder é divertido ou que não tem nenhum problema – ainda não conheci nenhum ser humano que gosta do sentimento de falhar ou de ser derrotado.

A resposta para essa pergunta é que, na verdade, simplesmente não importa, porque, se está de fato faminto por sucesso, você não vai parar. E essa, para mim, é a definição de resiliência.

A verdade inconveniente de ser empreendedor, o outro lado da moeda, é que muitas vezes, para trilhar essa jornada, você vai precisar se expor, pois é preciso abrir mão da segurança em prol de fazer uma diferença real. Não estou falando sobre largar tudo, pedir demissão e criar seu próprio negócio. Quero lembrar mais uma vez que empreendedorismo é uma mentalidade, é a coragem e a determinação para identificar e resolver problemas, e com frequência isso significa se expor a críticas e feedbacks duros. Muitas vezes, isso significa se expor ao fracasso, porque nem todas as coisas que você tentar vão funcionar, na verdade, provavelmente a maioria delas não vai. Mas algumas pessoas se importam o suficiente para se levantar novamente e tentar outra vez.

E essas pessoas entendem que o fracasso é o meio mais poderoso de aprender lições valiosas. O curioso a respeito disso tudo é que tudo o que vai acontecer na sua vida vai depender do que você fizer depois dessas lições.

Construa sua reputação

Ninguém está certo o tempo todo; essa não é uma reputação possível de se construir. Todas as pessoas que você admira já erraram muitas vezes, a maioria muito mais vezes que acertaram. Quando

A GRANDE DIFERENÇA

foi perguntado qual era o seu segredo de sucesso, Michael Jordan, o maior jogador de basquete da história do esporte, falou abertamente sobre seus erros e atribuiu a eles sua evolução e seu aprendizado.

A verdade é que, se você construir uma reputação como alguém que aprende com os erros cometidos, o erro perde a importância. Porque as pessoas ao seu redor começam a percebê-lo como alguém que busca ativamente aprender com os erros, e sua evolução se torna mais e mais visível quando você adota esse estilo de lidar com essas situações.

Lembra-se da placa que nos fala sobre a regra dos Cavaleiros do Zodíaco? Para mim, ela é um lembrete diário sobre resiliência, sobre estar sempre focado em construir algo maior, em evoluir e crescer. E, quando fazemos isso, os obstáculos não podem ser vistos como reta final: estamos em uma missão e eles precisam ser contornados de alguma forma.

A pergunta real que você precisa se fazer é: que reputação eu quero construir?

Para mim, empreendedores reais são os que conquistam o respeito por simplesmente não desistirem, por serem quase imparáveis, terem uma visão clara do que querem conquistar e serem motivados, não importa o que aconteça. E é esse tipo de pessoa que as outras pessoas estão dispostas a seguir.

Empreender é um caminho tortuoso, difícil e, ao mesmo tempo, incrível. No caminho, você vai falhar algumas vezes; outras vai precisar ter a humildade de encarar a realidade e admitir que você não é ainda a pessoa que precisa ser para conquistar seus objetivos, mas esse é o ponto. Você não é *ainda*...

Resiliência é a capacidade de identificar os problemas, aprender com os erros e se desenvolver, se capacitar, adquirir as habilidades necessárias para realizar suas metas.

E, para conquistar os resultados tão sonhados por todos, é preciso desenvolver primeiro a capacidade de se levantar, de continuar seguindo quando a maioria das pessoas teria desistido e de se adaptar, de reavaliar suas atitudes para que você possa não ser atingido pelo mesmo golpe duas vezes.

Contando caso

Nascido em Minas Gerais e criado na favela do Sapê, em São Paulo, Geraldo Rufino enfrentou desde cedo grandes adversidades e obstáculos no seu caminho.

Aos 7 anos, logo depois de perder a mãe (sua maior referência de fé, espiritualidade, trabalho duro e caráter), Geraldo precisou começar a trabalhar como sucateiro para ajudar na renda de casa. Ele ia ao lixão todos os dias, pegava tudo o que poderia ter algum valor e tentava vender para um depósito maior. Com esse trabalho, conseguiu economizar um bom dinheiro. Guardava suas economias em uma lata que enterrava em um local no lixão que só ele conhecia. Um dia, ao chegar ao lixão, viu que o terreno tinha sido vendido e já havia várias máquinas operando no local escavando todo o terreno. Lá se fora todo o seu dinheiro e pela primeira vez, aos 9 anos, ele quebrou.

Determinado a encontrar um novo trabalho e uma nova fonte de renda, Geraldo teve uma ideia: pegou o dinheiro que havia sobrado do lixão, pediu à prefeitura de São Paulo autorização para montar um campo de futebol oficial em um terreno que havia no local, comprou traves, mandou uma costureira fazer dois jogos de camisas e começou a cobrar para que as pessoas pudessem jogar. Dessa vez, não teve problemas, mas seu pai, que na época cuidava de um boteco, recebeu uma visita da Vigilância Sanitária e foi multado em um valor muito alto. Para salvar o pai, Geraldo quebrou pela segunda vez.

Aos 14 anos, ele conseguiu um emprego como *office boy* no Playcenter em São Paulo e começou a trabalhar duro. Voltou a estudar por exigência dos seus gerentes e começou a se destacar pela motivação, disposição e energia que levava ao trabalho. Ele saía de casa cantando e voltava cantando, coisa que faz até hoje.

A GRANDE DIFERENÇA

Depois de algum tempo se dedicando ao trabalho e crescendo dentro da empresa, ele comprou uma Kombi para que seus irmãos pudessem fazer serviços de carreto, e esse negócio cresceu. Em pouco tempo, já tinham cinco caminhões rodando, e os negócios iam bem. Por uma ironia do destino, dois dos caminhões do seu negócio se envolveram em um acidente no mesmo dia, os veículos não tinham seguro e ficaram inutilizáveis. Foi assim que Geraldo quebrou mais uma vez.

Sem alternativas e com um prejuízo grande por causa dos caminhões, ele resolveu desmontar e vender as peças para diminuir suas perdas. As peças foram vendidas com facilidade e o que seria um prejuízo enorme acabou se transformando em lucro. Foi assim que ele observou que existia uma oportunidade de mercado, criando um negócio para vender peças de veículos desse tipo que se envolveram em acidentes: nascia assim a JR Diesel, empresa pioneira na reciclagem de caminhões no Brasil. Os negócios começaram a dar certo, Geraldo na época já ocupava o cargo de diretor nas Playlands (empresa dona do Playcenter) em todo o Brasil e tinha sucesso também como empreendedor. Mas enfrentaria seu maior desafio até então.

Uma parceria estrangeira que falhou e erros estratégicos deixaram a JR Diesel com uma dívida de nada menos que 16 milhões de reais. Geraldo se recusava a fechar a empresa, acreditava na ideia e estava determinado a fazer a JR funcionar. Aos 29 anos, resolveu deixar seu emprego para reorganizar a sua empresa, saldar as dívidas e limpar seu nome.

E foi exatamente o que ele fez. Atualmente, a JR é a maior empresa nacional do segmento, cresce cerca de 30%, desmontando mais de mil caminhões e faturando mais de 50 milhões de reais anualmente.

Se você assistir a uma entrevista, uma palestra ou tiver a sorte de algum dia sentar por alguns minutos com o Geraldo, vai entender rapidamente que seu sucesso tem muito mais a ver com sua mentalidade do que com sua habilidade no mercado automotivo. A determinação para fazer acontecer, a fé, a esperança e a motivação que ele leva para o trabalho são contagiantes, talvez seja por isso que ele é descrito por sua filha como "irritantemente feliz".

Geraldo aprendeu esses valores muito cedo com a mãe. Ainda se lembra de quando aprendeu a acordar em um barracão de terra batida e colocar os joelhos no chão para agradecer pelo presente de mais um dia. Quando perguntei para ele do que precisava para ter sucesso, esta foi a sua resposta: "Eu só preciso do dia, nem sempre vai ser perfeito, mas é a minha chance de realizar cada um dos meus objetivos". Geraldo não desperdiça um minuto do seu dia, trabalha mais que qualquer um à sua volta e nunca tira o sorriso do rosto.

Ele é o exemplo de um empreendedor que simplesmente não para, que usa cada pedra no seu caminho como um degrau para subir mais alto, cada adversidade como lição, que cai e levanta mais forte. Acho que todos nós podemos aprender muito com a sua história e, se aplicarmos essa mentalidade em nossas vidas, nos tornaremos capazes de realizar mais, e de transformar a vida das pessoas que estão ao nosso redor para melhor.

CONFIRA A ENTREVISTA ACESSANDO O **QR CODE** AO LADO

Juntando tudo

- Para ter sucesso no mundo do empreendedorismo, é preciso adotar uma perspectiva específica em relação ao fracasso. É preciso ver as falhas como uma parte essencial do processo de aprendizagem, para que você possa ter sucesso. Grandes empreendedores, grandes atletas e todas as pessoas que você

A GRANDE DIFERENÇA

mais admira com certeza já fracassaram diversas vezes, mas o que diferencia essas pessoas é que elas simplesmente não param, mas aprendem, se ajustam e continuam tentando. Com o tempo, elas constroem essa reputação, de ser uma pessoa que não desiste, obstinada e focada no resultado que quer conseguir. Resiliência é a característica mais importante para se desenvolver se você quer se dar bem nos negócios e na vida.

- A única certeza que eu posso dar neste momento é que as coisas vão dar errado: seus planos vão se frustrar em algum momento; isso acontece com todos nós. Mas desenvolver a capacidade de se levantar e continuar lutando pelos seus sonhos é a única chance que temos.

CAPÍTULO 10

É A SUA
HORA

Apenas faça

> "Se você não puder voar, corra. Se não puder correr, ande. Se não puder andar, então se arraste, mas, não importa o que aconteça, continue em frente."
>
> Dr. Martin Luther King Jr.

Quando eu estava escrevendo *Pense simples*, meu primeiro livro, decidi que seria interessante contar a história dos meus primeiros passos como empreendedor. O que não contei foi que naquela época eu não me via dessa forma.

Meu objetivo de vida era construir uma carreira estável em uma grande empresa, isso era tudo o que eu conhecia e foi o exemplo que tive em casa. Por mais que algo dentro de mim já estivesse me dizendo que aquele não era o meu caminho, eu preferia ignorar essa voz e ir em busca da segurança, de um emprego estável e de uma carreira de sucesso.

Quando comecei minha carreira no empreendedorismo, o cenário era completamente diferente do atual. Não era tão culturalmente aceitável seguir esse caminho, muito menos legal ou sexy empreender. Abrir o próprio negócio no Brasil sempre foi difícil, e isso não mudou, mas na época quem fazia isso não ganhava tapinhas nas costas e parabéns.

Em 2004, empreender era uma atividade de quem não deu certo, quem não conseguiu um bom emprego e estabilidade, era uma saída, e não um objetivo. Por isso, não era uma coisa que eu buscava para a minha vida. Mas eu sentia que precisava resolver aquele problema, vi a oportunidade e resolvi começar não uma vida empreendedora, mas um projeto que me despertava interesse.

Não pensei que estava construindo uma empresa, e sim que ia vender joguinho de celular para pessoas que queriam e não tinham acesso em todo o Brasil. Lembro-me claramente dos primeiros dias em que eu estava no quintal da minha casa andando de um lado para o outro conversando com a empresa em Londres, mostrando o momento que estávamos vivendo no Brasil e convencendo os executivos de que aquele seria um bom investimento em um mercado promissor. No entanto, nosso país não era prioridade para os ingleses naquele momento.

Eu não tinha nenhum conhecimento sobre plano de negócios, não sabia se devia abrir um CNPJ nem como funcionavam as etapas do processo. Quando recebi um "sim" da Inglaterra, minha primeira reação foi de espanto, porque, para ser sincero, não esperava que fosse de fato acontecer, e depois, quando meu primeiro investidor, Almir Gentil, entrou com uma parte, senti que não sabia muito bem o que estava fazendo.

Acho que muita gente pode e vai compartilhar do meu sentimento nos estágios iniciais de uma empresa, e o meu ponto é que dar o primeiro passo é mais importante do que saber tudo. Antes de pensar em como vai ser sua empresa, estrutura de capital e plano detalhado de negócios, se você vai levantar dinheiro ou não, é preciso correr atrás do que será necessário para resolver o problema que você se propôs.

Execução é o nome do jogo

Essa história se repetiu na minha vida quando tive a oportunidade de investir em dois jovens engenheiros do Google que tinham o desejo de resolver o problema da ineficiência das agências de marketing em usar bem o Google Ads, uma das principais ferramentas de marketing do mundo e um dos carros-chefes da empresa.

Quando sentamos para conversar, percebi que eles tinham consciência de quantas agências de marketing existiam no país e que o problema não era quantidade, mas qualidade. Viram que nenhuma delas havia resolvido de fato o problema de gerar resultados com uma das ferramentas mais poderosas de marketing e vendas já criadas. E queriam resolver.

Na primeira vez em que me sentei com Túlio Kehdi e André Palis, não havia nenhum plano de negócio, o que existia era vontade de resolver um problema relevante, capacidade e determinação para fazer o que fosse necessário para ajudar outros empreendedores a aproveitar melhor o dinheiro investido em anúncios na plataforma do Google.

Acelerando essa história em quatro anos, a Raccoon é hoje a maior agência de marketing do Brasil, representando algumas das marcas mais valiosas e tradicionais do país, gerando resultados reais todos os dias e buscando novos problemas para resolver e soluções mais eficazes e elegantes para os seus clientes.

Agora é com você

Compilei neste livro todas as lições que aprendi durante mais de quinze anos empreendendo e todas as ferramentas que acredito que vão ajudar a transformar sua ideia e seu sonho em realidade.

Sei que muitas pessoas estão esperando pelo momento certo ou por um sinal.

Que este seja seu sinal, é hora! Esse é o tempo de fazer acontecer e não tem por que esperar, você pode começar pequeno, não precisa investir muito e definitivamente não tem de arriscar os seus bens. O que você precisa fazer é ter a coragem de agir, de se tornar quem você precisa ser para conquistar seus objetivos.

Estou convencido de que as principais diferenças entre empreendedores de sucesso que mudam as coisas e fazem a diferença para melhor e as pessoas que passam a vida inteira sonhando são paciência e coragem.

> "Eu chegava mais cedo e saía mais tarde, dia após dia, ano após ano. Levou dezessete anos e 114 dias para eu me transformar em um sucesso da noite para o dia."
>
> Lionel Messi

Paciência para entender que os resultados não aparecem rapidamente, que é preciso de muito tempo, muito trabalho e muita dedicação para se tornar um sucesso do dia para a noite. É necessário foco e dedicação para conquistar qualquer coisa que vale a pena na vida, imagine, então, ter impacto positivo na vida das pessoas e viver a sua vida nos seus termos.

É preciso entender que o que buscamos como empreendedores é difícil, e que existe um processo de desenvolvimento para que possamos colher os resultados. Não sei se vai ser amanhã, daqui a uma semana, um mês ou um ano, mas, se você é do tipo de pessoa que quer mais, é justo pedir que se dê essa chance e não viva o resto dos dias se perguntando como teria sido.

Quando entendemos isso, o processo e a jornada também são recompensadores e divertidos. E posso afirmar que o mais importante de toda a minha trajetória não foram os resultados nem minhas conquistas, mas quem eu me tornei nesse caminho.

A coragem é necessária para agir todos os dias, para retornar mesmo depois daqueles dias em que você se sente derrotado, é o desejo maior de continuar seguindo, até quando é difícil. É fazer progressos todos os dias e sempre buscar chegar um pouco mais perto dos seus objetivos.

Empreender é uma mentalidade, e espero tê-lo inspirado e dado um caminho para transformar seus sonhos em realidade, mas

"A melhor maneira de começar é parar de falar e começar a fazer."

Walt Disney

isso é apenas parte do processo. Da mesma forma que apenas ler sobre como fazer flexões não vai fazê-lo ficar em forma, este livro é apenas um guia, mas você precisa fazer/aplicar.

Lutar pelos seus objetivos é um trabalho que ninguém mais pode realizar por você, e a ironia é que, quando se começa a fazer progresso e a mostrar que está dando tudo de si, evoluindo e buscando seu espaço, quando você escolhe se tornar imparável, as pessoas começam a querer ajudar. Não todo mundo, mas os vencedores.

Se seu carro estragar no meio da estrada e você ficar do lado de fora parado, pedindo ajuda, dificilmente alguém vai te socorrer, mas comece a empurrar o carro sozinho e observe uma mágica acontecer. De uma hora para outra, pessoas começam a surgir e correr para ajudar. Isso é real e é uma metáfora para a vida: quando você se entrega e faz tudo o que pode, encontra as pessoas e os caminhos certos para chegar ao seu destino, mas começa com você.

Vá atrás, entregue-se, essa é sua hora!

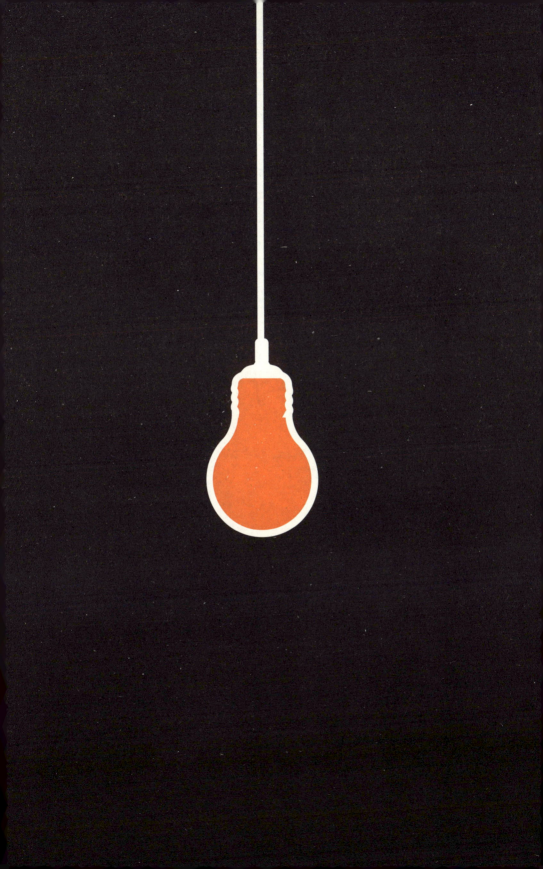

Este livro foi impresso pela gráfica Loyola
em papel pólen bold 70 g em janeiro de 2020.